照着应许

救恩，生命，和永恒

ACCORDING TO PROMISE

Of Salvation, Life, and Eternity

Or, The Lord's Method of Dealing with His Chosen People

UPDATED EDITION

Charles H. Spurgeon

照着应许

救恩,生命,和永恒

作者:(英)司布真
译者:沈熙

照着应许 (*According to Promise*)
Updated & Translated Edition Copyright © 2025
Please do not reproduce, store in a retrieval system, or transmit in any form or by any means – electronic, mechanical, photocopying, recording, or otherwise, without written permission from the publisher. Please contact us via www.AnekoPress.com for reprint and translation permissions.

Scripture quotations are taken from the Chinese Union Version (Simplified).

译者注：为读者方便及文体完整起见，书中采用的圣经经文出自简体中文和合本《圣经》(CUVS)。

Translator: Xi Shen

Aneko Press

www.anekopress.com

Aneko Press, Life Sentence Publishing, and our logos are trademarks of Life Sentence Publishing, Inc.
203 E. Birch Street
P.O. Box 652
Abbotsford, WI 54405

RELIGION / Christian Life / Spiritual Growth

Paperback ISBN: 978-1-62245-530-0

eBook ISBN: 978-1-62245-609-3

10   9   8   7   6   5   4   3   2   1

Available where books are sold

目录

一、灵性分析 1

二、自然，抑或超自然 5

三、两种生命 13

四、两种盼望 21

五、逼迫与应许之子 27

六、与心同行 33

七、应许属谁？ 41

八、神白白赐予 47

九、神应许的现实 53

十、信徒特别的宝藏 61

十一、应许的评估 75

十二、神成就祂的应许 87

十三、无例外的规则 95

十四、获取应许 107

十五、认可应许 113

十六、神的供应 117

十七、查找应许 125

十八、应许有定时 135

十九、圣灵的印记 143

二十、主耶稣基督和应许 149

司布真小传 157

其他类似书籍 163

一、灵性分析

耶和华啊,求你察看我,试验我,熬炼我的肺腑心肠。(诗26:2)

能够对不同的东西做出分辨十分重要,因为我们不能总是依靠外表。某些看起来很相似的东西很有可能恰恰是完全相反的。一只蝎子会看起来像一个鸡蛋,一块石头也许像一片面包,但是它们可远远不是同样的东西。像可能是非常不像。在属灵的事情上,尤其如此,所以这就要求我们提高警惕。

有些人可以貌似非常虔诚,然而却会死于他们的罪中。他们可能看起来很像神的儿女,然而却依然是忿怒之子。许多没有归正的人拥有和真正圣经信仰很相似的信念,却没有真正的信心。某些人所表现出的那种虔诚的感觉,颇有属灵之爱的温暖,却十分缺乏神的恩典。每一种恩典都可以有仿造,就好像仿造的珠宝。玻璃制的宝石奇妙的像真宝石一样，因此仿造的恩典也会令人惊异地与神圣灵的工作相似。在有关灵魂的事务上，一个人需要对自己有透彻的认知，不然的话，他很快就会欺骗自己的心。恐怕，有许多人已经误入歧途，却从来没有发现他们的错觉，直到他们在永恒的世界中睁开他们的眼睛，他们将在那里实实在在地面对可怕的失望。有人在他的灵魂中有神的生命，有人没有，这两者之间有天壤之别。关键在于我们要很确定，我们拥有这个生命。

你是否肯定，你拥有它？你是否很确定你拥有祂？

"'平安了！平安了！'，其实没有平安"（耶6：14），这喊声难道不是很可怕吗？向你自己预言诸事平安，让你的心灵安宁，骗自己的良心昏昏欲睡，永远不要从沉睡中醒来，直到那审判的雷声将你从你的恣意妄为中惊醒，把你丢到永恒的恐惧中去，那岂非可怕之至吗！

我渴望帮助你对你自己在灵性上省察。但是，我更愿你不是仅仅省察，而是能够获得那更丰盛的恩典，以至你圣洁和快乐的状态作你自己的见证。

这本小册子的第一部分旨在像筛子一样，将谷壳

一、灵性分析

和麦子分开。把它应用在洗净你自己的灵魂上。这可能是你做过的最有价值、最有益的工作。那个查看账目,发现生意亏损的人,将免于破产。这可能也会发生在你身上。然而,如果你发现你的天国事业正在兴旺发达,这对你来说将是莫大的安慰。诚实地省察自己的内心,你就不会失败。

朋友们,马上就来试一试。

二、自然，抑或超自然

"因为律法上记着，亚伯拉罕有两个儿子，一个是使女生的，一个是自主之妇人生的。然而那使女所生的是按着血气生的，那自主之妇人所生的是凭着应许生的。"（加4：22～23）

亚伯拉罕有两个儿子。以实玛利和以撒毫无疑问是亚伯拉罕的真后裔。然而，他们中的一个继承了圣约的祝福，而另一个只不过是一个世俗的富足之人。看看，这两个人多么相似！他们出生在同一个社会，称同一位伟大的族长为"父"，和他在同一个营帐里旅行。然而，以实玛利对圣约一无所知，而以撒却是应许的继承人。血统和出身是多么微不足道啊！

不久之后，发生了一件比这更引人注目的事件。以扫和雅各是出生于同一位母亲的双胞胎，然而经上却记着说:"雅各是我所爱的,以扫是我所恶的"(罗 9:13)。一个蒙了恩慈,另一个变得亵渎。两个人虽可能彼此相近,却也可能相距甚远!的确,不仅有这种可能,"两个人在一个床上,要取去一个,撇下一个"(路 17:34),而且真的,也会有两个人同时来到这个世界,然而其中一个会承受他在神那里的产业,而另一个会为了一点儿食物出卖他长子的名分。我们可能与其他人同在一座教堂,在同一水中受洗,坐在同一张圣餐桌旁,唱着同一首圣诗,作着同样的祷告,然而我们可能属于两种不同的群体,就像女人的后裔和蛇的后裔那样的截然不同。

保罗宣称亚伯拉罕的两个儿子是人类两个支派的预表,他们彼此相似,却又截然不同。他们的出身就不同。虽然他们都是亚伯拉罕的儿子,但夏甲所生的以实玛利,是亚伯拉罕在正常情况下的后代。他是按着血气生的。撒拉的儿子以撒,并非凭着自然的力量而生,因为他的父亲已愈百岁高龄,母亲也"生育已经断绝"(罗 4:19)。他是主赐给他父母的,是凭着信心,按照**应许**而生。这个区别至关重要,它将真正的神的儿女与那些仅仅自称是神儿女的人区分开来。应许是区别的根源,而成就应许的能力创造并维持了这

二、自然，抑或超自然

种不同。因此，应许，既是我们的基业，也是我们的考验和基准。

让我们立即用这个测试来检验一下，看看那成就应许的大能是否在我们里面运行。让我问几个问题：你是如何归正的？是靠你自己，是被人说服，或是一时血气的冲动——还是靠神的圣灵的工作？你自称已经重生。这新生从何而来？是出于神永恒的旨意和应许，还是出于你自己？是你的旧本性想要努力做得更好，并凭着自己的努力以期达到最佳状态吗？如果是这样，你就是以实玛利。

相反，你是不是那样一个人，你的灵性已经死亡，你毫无力量摆脱失丧的境地，然而，神的圣灵降临，将祂神圣的能量赐予你，将来自天上的生命赐予你，是吗？若是，那么你就是以撒。

一切都取决于你属灵生命的起点，以及这生命的源头。如果你始于肉体，并持续活在肉体中，你终将死于肉体。

你是否曾读过约翰福音三章6节："从肉身生的就是肉身"？用不了多久，肉身将灭亡，从肉身你将收获败坏。只有"从灵生的就是灵"。喜乐在于灵魂得以存活，你将因此而收获永生。不论你是否宣称你自己是不是一个基督徒，我敦促你要问你自己一个问题：我是否感觉到神的圣灵的力量？

你内在的生命，是源于你自身天然欲望的骚动，还是某种新的、从天上注入、赋予和植入的东西？你的属灵生命是属天的创造吗？你是否是在基督耶稣里的新造？你是否已藉着神圣的力量而重生？

普通所谓宗教不过是把一层自认为是恩典的薄纱披在人本性外面。罪人把自己打磨得光鲜亮丽，掸掉了最肮脏的锈迹，他们自以为自己的旧本性已经焕然一新。这种对旧本性的装饰和修补固然很好，但却远非所需。你要是愿意，可以尽情地去洗以实玛利的脸和手，但你无法把他变成以撒。你可以改善你的天性，而且你做得越多，在某些暂时的用途上就越好；但你无法将其变成恩典。从堕落人类的泥沼中涌出的溪流，与从神宝座流出的江河，在源头上就有天壤之别。

不要忘记我们的主亲口说过："你们必须重生"（约3：7）。如果你还没有从上面重生，你所有的教会或礼拜堂的出席记录都毫无意义。你的祷告、你的眼泪、你的读经，以及所有源于你自己的一切，都只能导向你自己。水源有多高，水会自然地上升到它的源头，但不会更高。始于人性的，也只能上升到人性，终究无法达到神性。你的新生是出于自然还是超自然？是出于人的意志还是神的旨意？是你在宗教中所做的，还是神在你里

二、自然，抑或超自然

面所做的？很多事都取决于你对这个问题的回答。

在真正的神的儿女和仅仅是基督信仰的宣信者之间，在其源头上就有着极其重大的区别。以撒是按着应许而生的。以实玛利并非出于应许，而是生于自然。哪里有足够的自然之力，那里就没有应许；但当人力不足时，耶和华的话语就会临到。神曾说过撒拉会为亚伯拉罕生一个儿子。亚伯拉罕相信神的应许，并为此欢喜。以撒是神圣应许的结果，是藉着神的力量而生的。如果没有应许，就不会有以撒；而离开恩典的应许和应许的恩典，就不会有真正的信徒。

现在让我来问问有关你的得救。你是因着你所做的而得救的吗？你的宗教信仰是你自身力量的产物吗？你觉得自己能够做到得救所要求的一切吗？你是否因为自身天赋的优秀和道德能力而认为自己处于安全幸福的状态？若如此，你就效仿了以实玛利，你不会得到产业，因为那产业不是按着肉体而得的，却是按着应许而得的。

另一方面，你或许会说："我的盼望唯独在于神的应许。祂已在祂的儿子耶稣身上给每一个相信祂的罪人设立了那个应许。我确实相信祂；因此，我依赖并相信主会成就祂的应许，赐福给我。我寻求天上的福气，并非靠我自己的努力，而是神白白赐予的恩典。我的盼望唯独且完全依靠于神对罪人白白和无偿的爱上，祂藉此赐下祂的儿子耶稣基督，来除去罪恶，并为那些不配的人带来永恒的义。"如果你这样发自内心地说话，那么这与以实玛利人说"有亚伯拉罕为我们的祖宗"（太3：9）的言语截然不同。你现在已经学会像以撒那样说话了。

在那些漫不经心的人看来，这差别可能很小，但其实却很大。夏甲，一个奴隶母亲与公主撒拉截然不同。前者没有圣约的应许，而后者的祝福却是永远的。靠行为得救是一回事，靠恩典得救又是另一回事。靠人的力量得救与靠神的能力得救截然相反。靠我们自己的决心得救与靠神的应许得救截然相反。

你要扪心自问，看看你属于哪个家族。你是属于以实玛利，还是以撒？

如果你发现自己像以撒一样，是照着应许生的，请记住你的名字意为"喜笑"，因为这正是希伯来名字"以撒"的解释。这会让你因着难以言喻的喜乐和满满的荣耀而欢欣。你的新生是一件奇妙的事。如果亚伯拉罕和撒拉想到以撒都会笑，那么你想到自己时也一定会如此。有时候，如果我独自坐着，默想神赐予我——这所有受造物中

二、自然,抑或超自然

最不配得的一个——的恩典,我就会不禁喜极而泣,为着神竟然曾以爱和恩惠眷顾我而喜乐。是的,每个神的儿女都一定感受到以撒的本性在他灵魂中运行,让他的嘴里充满欢笑,因为神为他行了大事。

仔细观察这两个后代从一开始就存在的区别。以实玛利是人之子,本于人而生。以撒的出生则是因着神的应许。以实玛利是亚伯拉罕肉身所生的。以撒也是亚伯拉罕的儿子,然而神的能力介入,从他父母的软弱中,清楚地表明以撒是出于耶和华——是应许的礼物。真信心当然是相信之人的行动,真悔改亦是悔改之人的行动;然而,信心和悔改都毫无疑问地被描述为神的作为,正如以撒是亚伯拉罕和撒拉的儿子,但他更是神的礼物。主我们的神,祂教导我们相信,也使我们有能力相信。我们所做的一切蒙神悦纳的事,都是因为主在我们里面动工;是的,愿如此行的渴望本身就是祂的工作。任何宗教,若不是从人内心流露出来的,就一文不值,然而,毫无疑问,它一定是住在人里面的圣灵的工作。

哦,朋友啊,若你的内在是自然,且仅是自然,那它救不了你!内在的工作必须是超自然的。它必须来自神,否则,就会失去圣约的祝福。你将拥有一个充满恩典的生命，就像以撒真是亚伯拉罕的子孙一样；但这更将出于神，因为救恩出于主。我们必须从上面而生。有关我们所有的宗教情感和行为，我们必须能够说："主啊，祢在我们里面成就了一切。"

三、两种生命

"也不因为是亚伯拉罕的后裔,就都做他的儿女,唯独'从以撒生的,才要称为你的后裔。'这就是说,肉身所生的儿女不是神的儿女,唯独那应许的儿女才算是后裔。因为所应许的话是这样说:'到明年这时候我要来,撒拉必生一个儿子。'"(罗9:7~9)

以实玛利和以撒的出身不同,因此他们的本性也不同,这体现在他们的生命中,主要是从他们与应许的关系上看出来。

出生不同,因而由此所孕育的生命也将不同。对于仅仅依靠自己而安身立命的人而言,生命也就只有自然赋予他的一切;但对于藉着神的灵而成为新造之人的人而言,必有神迹随之而来。"但你们得在基督耶稣里,是本乎神,神又使他成为我们的智慧、公义、圣洁、救赎。如经上所记：'夸口的，当指着主夸口'"（林前1：30～31）。

重生的人会拥有新生命带来的一切；而属血气的人则不会拥有任何类似的东西。

以实玛利既展现了亚伯拉罕的某些自然性格，同时也展现了他奴隶母亲的一些自然性格。他像父亲一样是一位王子，并继承了族长的高贵气质；但以撒拥有他父亲的信仰，并接续了圣洁内在的属灵生命。作为应许的继承人，以撒留在父亲亚伯拉罕身边，而以实玛利则在旷野中建立了自己的营地。以撒在美索不达米亚寻找一位延续祖先血统的伴侣，但以实玛利的母亲为他娶了一位埃及妻子，这很自然，因为她自己也来自埃及。我们倾向于选择熟悉和使我们放心的事物。

傍晚时分，以撒在田野里默想，因为他的生活中充满了与神有关的事物；但以实玛利却与所有出现在他生活中的人争斗，因为他在乎世俗的事物。默想不适合那种野人，他与所有的人作对，而每一个人也都与他作对。以撒将自己作为祭物献给神，但在以实玛利身上你看不到任何类似的东西。以实玛利不懂得什么叫献上自我；相反，他是一个杀手，一个杀人犯，而不是一只将自己献于神的羔羊。

三、两种生命

你会发现，如果你受到宗教的训练和教育，变成他们所谓的"敬虔"人，然而你的内心并未更新，也没有被圣灵所改变，你就不会过一个真正的属神的儿女的生活。你或许会表现出一个基督徒外在的许多特征。你也许会唱诗，祷告，引述某些圣经经句，或者甚至可以讲述一点儿情感的体验；但你必须重生，才能认识圣徒团契、与永生神在隐秘中相交、以及将自己降服于祂作为你理所当然的侍奉，这些真理的真实与确定。

应许之子与神的子民同住，并视自己被算为他们中间的一分子而为荣。应许之子感到，即使他周围见不到一个人，也没有人能够看到他，但只要全能的神靠近他，并且与他相交，他就与最好的伙伴在一起。应许之子，也只有他，才能登上摩利亚山的山顶，在那里被捆绑在祭坛上，将自己献上给神（参创22章）。我这么说的意思是，只有从圣灵生的人，才会完全将自己献给神，爱主胜过爱自己的生命。你的本性和行为将与你的出身相符。因此，我祈求你要有一个对的开始，以至当你宣称自己是神国的儿女时，你能够证明自己是真正的嫡系后裔。

以实玛利，照着血气而生，是奴婢之子，必然永远带有奴仆的印记。奴隶之子并非生来自由。

以实玛利不是也不可能成为以撒——那个自由妇人之子。请听我说：我并非说以实玛利曾经想要成为像以撒那样的人。我并非说他因为与以撒不同而觉得自己不如以撒；虽然事实上，他的确如此。一个靠着自己的行为、情感和舍己来寻求自我救赎的人，或许会骄傲地忽视自己作为奴隶的处境。他甚至可能夸口自己生来自由，从未受过任何人的奴役，然而他却终其一生都在被奴役。他从来不知道自由意味着什么，知足意味着什么，或以神为乐意味着什么。

人们在谈论"信心充分的确据"时，他一头雾水，因此而得出结论，认为他们一定是自以为是。在他所有依靠血气的行为之间，他几乎没有喘息的时间。他已经做了这么多，但他一定还要做得更多。他已经受了这么多苦，但他还要受更多。他从未进入神为他的子民所存留的安息（参来4：9），因为他是由使女所生，他的灵永远受捆绑。

另一方面，那由自主妇人所生的，明白救恩从始至终都出于神的恩典，并且神既赐下恩典，就不收回，"因为神的恩赐和选召是没有后悔的"（罗11：29）——这样的人接受基督所成就的工，并知道自己在爱子里蒙悦纳（参弗1：6），便安息在主里，极其喜乐。他的生命和灵里充满

三、两种生命

喜乐和平安,因为他生来自由,如今也自由了;是的,他的确自由了。

你了解神儿女的自由吗?或者,你还仍在律法之下受奴役,害怕刑罚,害怕被流放到旷野?你因信而得自由吗?还是你仍在依靠自己的行为和努力?如果你依靠自己的行为,你就还没有得到应许,否则你就会知道这样的事不可能发生。基业属于应许之子以撒,他将永远安然居住,无需担心被赶出去。

那些像以实玛利一样,按肉体而生的人,以及那些将宗教信仰视为自身能力和力量的人,都像以实玛利一样,关心的只是世俗之事。只有那些凭着信心,照着应许从上而生的人,才会像以撒一样,关心上面的事(参西1:2)。

出于自然的宗教人士关心世俗的事物。他经常去礼拜场所,但是他人虽在那里,脑子里却想着他的生意、他的房子或他的农场。他享受敬拜神吗?不!是有讲道。但他是否"存温柔的心领受那所栽种的道"(雅1:21)呢?不!他对讲道评头论足,好像那不过是有关政治的胡言乱语。他像其他人一样把钱捐给神的事业。当然,他这样做是因为他觉得他必须安抚自己的良心并且要维护自己良好的声誉;他关心神的荣耀吗?绝对不。如果他关心,他奉献的就不会仅仅是金钱而已。他会为神国的兴旺而发自内心的祷告。他会为世人的罪恶而哀恸哭泣吗？你是否发现他独自一人与神同在，倾诉内心的痛苦，因为即使在他自己的家人中，也还有人尚未归向神？当罪人归向神时，你曾否看到过他为此而充满着崇高而神圣的喜乐？他曾否为着基督的国度即将到来而欢欣鼓舞？哦，不，他永远无法达到那种境界。

对他来说，一切侍奉神的事都是外在的。他从未进入属灵事物的核心和本质，也永远不可能。体贴肉体的心智，即使看起来虔诚，仍然是与神为敌的；它并没有与神和好，而且也的确不可能与神和好（罗 8：7）。在人的心里必须造成一个属灵的思想。他必须在基督耶稣里成为新造的人，才能欣赏、理解并享受属灵之事。

回到我们的起点——"你们必须重生"（约 3：7）——我们必须从圣灵而生。我们死在罪中，我们一定要藉着从这死亡中活过来，才能获得超自然的生命。除非我们拥有圣灵的内在生命，否则我们无法结出圣灵的果子。以实玛利永远是以实玛利，以撒永远是以撒。一个人如何，他的行事为人也必如何。具有眼光、理性和人类力量的人，或许可以像以实玛利那样尽力而为，但只有应许之子才能像以撒那样，上升到凭着信心生活和处世。

三、两种生命

有人说:"这些规定太过于僵硬了。"有时候,能划定这些僵硬的界限,而且划得笔直,也是一种莫大的祝福。这就意味着,我们能走在通向永恒的正确道路上。有一天,有人对我的一个朋友说:"我曾经去听过司布真先生的讲道。我走进会幕教会的那个时候,如果你问到我对自己的看法,我会说,我是曾经生活在纽因顿地区里最虔诚的人了,当然,作为一个善良的人,我也是教会中的一分子。但那天我听到福音后,一切都颠倒了。我走出教会时,感觉好像浑身赤裸。我觉得自己是世界上最悲惨的罪人,我说我再也不会去听那个人讲道了,因为他把我彻底毁了。""是的,"他继续说道,"但那对我来说是最好的事情。这使得我不再关注自己和我能做的一切,而要仰望神和祂无所不能的恩典,并明白我必须再次经过造物主的手,否则我将永远无法充满喜乐地看见祂的面容。"

我希望你能亲身领悟这个真理。这是一个庄严的真理。正如神首先创造了亚当,祂也必须重新创造我们,否则我们永远无法拥有祂的形象,也无法仰望祂的荣耀。我们必须接受这应许的影响,并活出这应许,否则我们的生活永远不会被正确的原则所引导,也不会被引向正确的目标。

四、两种盼望

"至于以实玛利，我也应允你，我必赐福给他，使他昌盛，极其繁多。他必生十二个族长，我也要使他成为大国。到明年这时节，撒拉必给你生以撒，我要与他坚定所立的约。"

（创 17：20～21）

以实玛利和以撒，这两个出身和本性如此不同的人，他们的盼望也截然不同，这并不足为奇。对以撒而言，圣约的应许成了他人生的指导原则；但对以实玛利而言，却没有这样的亮光出现。以实玛利志在远大，因为他是一位最伟大人物的亲生儿子；而以撒则追求更高的目标，因为他是应许之子，是耶和华神与亚伯拉罕所立恩典之约的继承者。

以实玛利抱负不凡，渴望建立一个永不被征服的民族，如旷野中难以驯服的野驴一般的种族；而他的愿望已得到充分实现。贝都因阿拉伯人至今仍是他们伟大祖先的真实写照。无论是活着还是死去,以实玛利都实现了他所追求的狭隘的世俗盼望,但他的名字却不在那个名单上,那是那些见到耶稣基督的日子并在荣耀的盼望中死去之人的名单。而以撒,在另一方面,他的眼光望得很远,直至看到耶稣基督的日子:"他等候那座有根基的城,就是神所经营、所建造的"(来11:10)。

以实玛利,如同《天路历程》[1]中的任性先生,拥有今世最美好的事物;但以撒,如同耐性先生,等待着未来最美好的事物。他的财富不在帐篷里,也不在田野里,而是在未见之事中(来11:7)。他已领受了伟大的圣约应许,在那里,他所发现的财富,远比尼拜约(创25:13)所有羊群能供给他的更大。应许的晨星照耀着他的眼睛,他期待着在约定的时间满足时,祝福将如正午的太阳。这应许深深地感动着他,指引着他思想和期望的方向。你也是这样吗?你是否已领受并接受了永生的应许?那么,你是否在盼望未见之事?你心目中是否注视着那除了信靠神的信实之人以外,

---

[1] *The Pilgrim's Progress*, by John Bynyan (1628-1688), 此书有多种中文译本, 这里是根据王汉川先生译本, 香港文化中国出版社, 2003.

四、两种盼望

无人能见的事物？你是否已经用对未知和永恒的信心之路取代了此时此刻你感官所见的束缚？

毫无疑问，接受应许并享受其盼望影响了以撒的思想和行为，以至使他心灵宁静。对他来说，没有战争和争竞。他放下现在，等候未来。以撒觉得，既然他是按着应许而生，那么，赐福给他和成就有关于他的应许，那全在乎神，因此他留在亚伯拉罕身边，远离世事。他静静地盼望，又耐心等候神的祝福。他的目光注视着未来，注视着那即将到来的伟大国度、应许之地，以及那更荣耀的应许后裔，地上的万国都将因他得福（创 22：18）。为此，他单单仰望神，并且相信，赐下应许的那一位必亲自成就这一切。

正因如此，虽然以撒仍有活力，却丝毫没有以实玛利身上那种明显的骄傲自满。他的活力有他自己的方式，他对神充满平静的信心，并默默地顺服祂至高无上的旨意。年复一年，他坚持过着与世俗分别的生活，他赤手空拳，勇敢地面对来自异教邻居的危险——面对这些危险，以实玛利则用刀剑和弓箭来应对。以撒信赖那声音："不可难为我受膏的人，也不可恶待我的先知"（代上 16：22）。他爱好和平，却也像他好战的兄弟一样生活安稳。尽管迦南人仍然居住在那片土地上，然而他对应许的信心，给了他安全的盼望，也让他真正获得了安全。

藉着在我们里面创造出高尚的灵性，超越周围可见环境的生活，平静和属天的心境，应许影响着我们当前的人生。以撒在他的神那里找到了他的弓和枪。耶和华是他的盾牌并给他大大的赏赐（参创15：1）。虽无立足之地，在神应许赐给他的土地上是一个寄居者，是客旅，但以撒满足于依靠应许而活，并相信自己将拥有丰盛的喜乐。

他那不同寻常的宁静与坚定的精神，并且之所以能像那伟大的朝圣者先辈们之一，过着超凡脱俗的生活，都源于他对永恒不变之神的应许的单纯信心。由神圣应许点燃的盼望之火，影响着一个人内心深处的思想、行为和情感。它似乎不如正确的道德行为重要，但事实上，它却是至关重要，不仅在于它本身，还在于它对一个人的思想、心灵和生活的影响。一个人内心的盼望比他任何一天的作为，甚至终年的公开祈祷，更能真实地考验他在神面前的状态。以撒一直追寻着他宁静而神圣之路，直到年老失明，在信靠他的神中温柔地入睡。神曾向他显现，并呼召他成为祂的朋友。神曾对他说："你寄居在这地，我必与你同在，赐福给你；并且地上万国都必因你的后裔得福"（创26：3a；22：18a）。

四、两种盼望

人有怎样的盼望,他就是怎样的人。如果他的盼望在于神的应许,那么一切安好,也必然安好。

你的盼望是什么?有人说:"嗯,我在等着,等着我的某位亲人去世,然后我就会变得富有。我对此寄予厚望。"另一个人对他稳步增长的生意抱有希望。第三个人对一项前景光明但风险高昂的投资抱有很高的期望。在一个垂死的世界里,任何能够实现的希望都不过是一场骗局。在坟墓的另一边没有任何前景的盼望,就像一扇灵魂无法看透的昏暗的窗户。一个人,如果他相信应许,并且确信它会在适当的时候实现,从而把其他一切都交在无限的智慧和爱的手中,那人是有福的。这样的盼望将经受住考验,战胜诱惑,并在地上享受天堂。

基督死在十字架上之时,就是我们的盼望开始之时。祂复活时,这些盼望得到了证实。祂升天时,这些盼望开始应验。祂再来时,这些盼望将得以实现。在今世,我们将维持着一个天路客的生计,在我敌人面前,神为我们摆设筵席(参诗23:5)。在来世,我们将拥有流奶与蜜之地,和平与喜乐之地,在那里,太阳不再落下,月亮也不再躲藏(参民14:8;赛60:20)。在那之前,我们充满盼望,而我们的盼望紧紧抓住那应许。

五、逼迫与应许之子

"弟兄们,我们是凭着应许做儿女,如同以撒一样。当时那按着血气生的逼迫了那按着圣灵生的,现在也是这样。"

(加 4:28~29)

如果兄弟俩个像以实玛利和以撒那样如此不同,他们之间发生分歧、争吵和怨恨也就不足为怪了。以实玛利比以撒年长,到了以撒快要断奶的时候,他的母亲撒拉看到使女的儿子在嘲笑她的孩子。从他们幼年起,不同的出身和境遇就开始显现出来。这或许可以作为一个指标,让我们了解,如果我们拥有神赐予的生命,并且是照着应许承受产业的,我们的预期将会怎样。那些在律法之下被奴役的人,无法爱那些藉着福音而白白重生之人,而且他们很快就会以某种方式表现出敌意。

我们正在思考的并非这个邪恶世界与教会之间的

敌意，而是存在于那些仅仅只是天然人与真正由神而生之人之间的敌意。我们谈论的并非非利士人反对以撒，而是以撒的兄弟以实玛利对他的嘲弄。在所有的敌意中，最激烈的莫过于那些外表虔诚的人反对那些从上而生、用心灵和诚实敬拜神之人。许多神宝贵的儿女，因受到那些自称是他们弟兄姊妹之人的残酷仇恨而饱受痛苦的折磨。

以实玛利的动机很可能是嫉妒。他无法容忍这个小家伙竟然得到比他优越的地位。他似乎在说："正因这是继承人，所以我恨他。"或许他嘲笑以撒作为继承人的地位，并夸耀说，他与那个应许之子一样，拥有同等的继承权。同样，那些仅仅拥有宗教外表的人士，那些只是自称是基督徒的人，羡慕真信徒的境况，认为自己并不输于那些蒙神恩典得救的人。他们自己并不渴望神的恩典，然而，就像卧在马槽里的狗一样，他们也无法忍受别人得到这恩典。他们羡慕这些真圣徒在基督里的盼望。他们羡慕他们内心的平安和享受神的恩惠。如果在你们当中发现有人也是如此，那一点儿也不要感到诧异。

以实玛利的嫉妒在他弟弟断奶时所设的盛大筵席上表现得最为明显。同样，形式主义者——那些以自己的宗教和自以为是的善良为荣的人——就

五、逼迫与应许之子

像这个比喻中的哥哥一样，越是在最值得庆贺的事情发生时，也就是与天父所爱的孩子有关时（参路 15：11～32），越容易被激怒。对于那些骄傲自大、口头上宣信、却根本不懂得在基督耶稣里获得真生命的人来说，真家庭的音乐和舞蹈只会激发苦毒和烦恼。每当有人从怀疑转向救恩的确据，每当一个世俗之人被改变而喜爱圣洁之事时，那些属肉体的宗教人士就会发出嘲笑，他们称敬虔的人为疯子或狂热分子，或带着怨恨和讽刺嘟囔："可怜的傻瓜！别管他们了；他们可悲地受骗了。" 那些表面虔诚却未真正重生的人，那些自己在努力并盼着凭借自身功德得救的人，通常会对藉着应许而生的人表现出强烈的仇恨。

有时他们会嘲笑那些信徒的软弱。也许以实玛利会说以撒不过只是个刚刚断奶的婴儿。信徒有时也会软弱，极易招致那些自以为意志坚强的人的嘲笑。正像以撒无法否认自己的软弱，信徒们也无法否认自己的缺点，以及他们的软弱和罪，虽然这些都可能使他们受到应有的责备，但世人对这些事情太过于看重，超过了公正所允许的范围。世人虽嘲笑圣徒的软弱，但同样的事若发生在其他人身上却可以视而不见。我们的渺小和不完美会让那些骄傲和自以为是的法利赛人嘲笑我们和我们的福音，这实在不应被看成奇怪的事。

嘲笑常常源于信徒的断言。以撒被称为"继承人"，以实玛利听了简直无法忍受。"看，"律法主义者说，"那边那个人不久前还是个众所周知的罪人；现在他说他相信了耶稣基督，因此他宣称自己知道自己得救了，被接纳了，并且确信能进天堂。你们何曾听说过这类自吹自擂吗？"那个紧紧抱住他的锁链不放的人，憎恨身边的自由人。那些骄傲地相信自己的功德从而拒绝神的怜悯之人，对那个因蒙恩得救而欢喜快乐的人会感到怒不可遏。

也许，小以撒，这个出生于如此年迈的父母的孩子，在这位年轻的混血埃及人眼中显得格格不入。作为一个从天上生的人，没有什么人会比他更令他的同胞们感到陌生。凭着信心，依靠神的应许而活，本应是世界上最合宜、最自然不过的事，但世人却不这么认为。相反，人们认为那些相信神并真正按照这种信心而活的人是怪人。街上的坏孩子们仍然嘲笑外国人，世人仍然嘲笑真正的信徒，仅仅因为他们不属世的灵性和行为。对我们来说，这正是好的见证，因为我们的主说："你们若属世界，世界必爱属自己的。只因你们不属世界，乃是我从世界中拣选了你们，所以世界就恨你们"（约 15：19）。

五、逼迫与应许之子

信徒会经验到千百种方式无情的嘲笑（参来11：36）——其中许多方式微不足道，不值一提——他应该做好这种准备。毕竟，如今遭受人身迫害实属罕见，因为史密斯菲尔德的火已熄灭，关押罗拉德派的塔楼里已无囚犯，甚至没有一个拇指夹还在被使用[2]。勇敢点，好弟兄！即使你可能会被讥讽，却不致伤筋动骨；如果你足够勇敢，能够蔑视对你的轻蔑，甚至连你的睡眠都不会被打扰[3]。

以实玛利对以撒的嘲笑，只是千万个证据之一，它证明了女人的后裔与蛇的后裔之间存在着的仇恨。这两个后裔之所以在亚伯拉罕家中出现混合，源于他下到埃及，并对法老不信任。后来，法老给了撒拉一个埃及的使女（参创12，13），从此邪恶的元素便进入了营地。撒拉，又在一个邪恶的时刻，将使女给了她的丈夫，结果便带来了悲伤和万千泪水。

不论未重生之人与神的教会之间发生什么关联，都无法改变他们的本性。住在亚伯拉罕的营盘里的以实玛利，仍然是以实玛利。今天，神真理最凶猛

---

2 原注：史密斯菲尔德是基督徒殉道的地方；罗拉德派是约翰·威克利夫的信徒，经常遭受迫害，而拇指夹是有时用来对付基督徒的一种酷刑。

3 原注：虽然最近一两个世纪以来，西方的基督徒相对来说没有遭受迫害，然而世界其他各地许多多国家的基督徒每天都因追随耶稣而遭受折磨和杀害。无论我们身处何方，我们都需要为这样的时刻做好准备。

的敌人，是我们圣徒团契中未得救的人。正是这些人，让那些相信纯正福音教导的信徒，在建立在圣经教义基础上的教会中，显得像是外人。他们让我们在自己的土地上成为外邦人。他们对各种异端邪说都宽容，却嘲笑那些相信恩典教义的人，认为他们是老派、偏执的人——是过时的人，应该早早地自寻坟墓，埋葬自己。然而，信靠神并相信祂圣约的人，将能够经受住一切嘲弄，因为在他看来，为基督受的凌辱，比埃及一切的财物更宝贵（来11：26）。信靠神绝非可耻；相反，对义人来说，信靠信实与真实的神，正是荣耀所在，即使他们必须为此受苦，他们也欢欢喜喜地承受。所以，你们这靠着恩典学习如何凭着信心依靠神的应许而活的人，应当披挂圣洁的勇气。那位伟大的家主，岂不是被人藐视、弃绝吗？其余的众弟兄们岂不应当效法那位"在许多弟兄中做长子"（罗8：29）的吗？我们若与基督一同受苦，岂不也与祂的荣耀有份吗（彼前4：13）？因此，让我们欢喜快乐与耶稣基督——那位被钉十字架的万有的继承者——联合。

六、与心同行

"然而经上是怎么说的呢？是说：
'把使女和她儿子赶出去，因为使女的
儿子不可与自主妇人的儿子一同承受产
业。'"（加4：30）

以撒和以实玛利曾在一起生活过一段时间。那些自我标榜的宗教人士和相信应许的信徒，许多年来也都是同一个教会的成员，但他们彼此并不合拍，在一起也并不快乐，因为他们信奉的是在本质上对立的原则。随着信徒在恩典中成长，进入属灵的成年期，他会越来越与宗教人士和律法主义者格格不入，最终，两者之间不再能有任何交通。他们必须分开，而这句话将应验在以实玛利人身上："把这使女和她儿子赶出去，因为这使女的儿子不可与我的儿子以撒一同承受产业"（创21：10；加4：30）。

离别诚然令人痛苦，但它将遵照神的旨意并根据情况所需。就如油和水不会相容，自然人的宗教也不会与源于应许并由应许支撑的信仰相一致。他们的分离只是自始就存在的严重分歧的外在结果。

以实玛利被赶走了，但他很快就不再后悔，因为他在当地蛮荒部落中找到了更大的自由，并很快在他们中间成为了一位伟人。他事业兴旺，并生了不少王子。他在广阔的世界中找到了适合自己的舞台。在那里，他享有荣誉，并在众伟人中声名鹊起。事情常常如此，世俗的宗教人士往往自身有很多优秀的习惯和品行，并且有出人头地的渴望，于是他进入社交界，受到赏识，变成著名人物。世界当然会爱属于自己的人。有抱负的宗教人士通常会抛弃最初的朋友，并且公开宣称："我已经放弃了老式的宗教信仰。我贫穷的时候，和真正的基督徒混在一起还不错，但现在我发了财，我觉得我必须与更时髦的人交往。"他如此行，并得到了他的奖赏。以实玛利已享尽今生的福分，却从未表达过想要得享天国圣约及其神秘祝福的愿望。如果你觉得在社会中比在神的教会中更自由自在，那么务必要知道，你属于这个世界。不要自欺。你的心如何，你也就如何。无论多大的力量或努力，都无法将以实玛利变成以撒，或者将一个世俗之人变成天国的后裔。

六、与心同行

从表面上看,在今生今世,应许的后裔看起来似乎没有得到最大的好处。事实上,也不应当有这样的期待,因为那些选择了未来基业的人实际上已经同意,要在今世接受试炼。

以撒经历了某些以实玛利从未经历过的苦难。以撒被嘲弄,被当作祭物放在祭坛上,但以实玛利却从来没有遭遇过这等事。你们,像以撒一样都是应许之子,切勿嫉妒那些今世的后嗣,即使他们的境遇似乎比你们更轻松。你们会被引诱要忍不住嫉妒,就像诗篇作者因恶人的兴盛而忧伤时那样(如诗篇73篇所述)。在这种痛苦之中,我们多多少少会想要从自己属灵的选择中逃避,但我们不是业已决定要得未来而不是现在的奖赏吗?我们后悔这笔交易了吗?

此外,嫉妒那些本身就十分值得怜悯的人,是多么荒谬!失去应许,实际上就等于失去一切,而自以为义的人,已经失去了一切。这些属世的基督教的宣信者们,既无属灵之光亦无属灵生命,他们对此也无渴望。身处黑暗之中,如此灵性盲目,却浑然不觉,这损失是何等巨大啊!他们有足够多的宗教外表,使他们在人群中博得尊敬,也在自己的良心上感到安心,但如果他们在神眼中是可憎的,这便是不幸的收益。他们感觉不到内心的争战和挣扎。他们发现不到旧人与新人的纷争，因此他们无忧无虑地度过一生，对真理一无所知，直至他们的末日临到。如此受骗，是多么可悲啊！我再说一遍，不要羡慕他们。以撒献祭的生活远比以实玛利的主权和狂野自由的生活要好得多；因为，这个世界上所有伟人的丰功伟绩都将如风而逝，他们身后所留下的，没有别的，只是在永恒世界里更加的凄凄惨惨。

尽管如此，却不要以为真信徒是不快乐的，若我们"只在今生有指望，就算比众人更可怜！"（林前15：19）。但神的应许照亮了我们整个人生，使我们真正蒙福。信心看见神的笑容，使我们满有喜乐。若把信徒的生活置于极度不利的境地，用最黑暗的色彩描绘它，不仅剥夺它的舒适，也剥夺它的生活必需，即使如此，处在最糟糕境况下的基督徒也比这世上活得最好的人还要好。

让以实玛利拥有这整个世界吧。是的，尽管把像午夜天空繁星般多的世界都给他，我们也不嫉妒他。我们的本分就是背起我们的十字架，在这片土地上与神同在，作客旅，作外人，如同我们所有同具信心的先辈一样；因为那应许，固然在别人看来遥不可及，但我们，凭着信心，认识它并拥抱它，并乐在其中，仿佛在地如在天。比起

六、与心同行

最伟大和最受尊崇的属世之子的处境,与神和祂的子民同在,我们认为我们的处境要远远胜过他们。我们主的再来,以及我们与祂相交的永恒荣耀的愿景,足以让我们在等候祂显现时感到满足。

这种世上的差异将导致在死亡时悲惨的分道扬镳。使女所生的孩子,不仅在今世,也在永恒中,必被驱逐。凡声称靠自己的行为已经赢得了进天堂的权利,或夸口靠自己的力量得胜的人,没有一个能够进入天堂。荣耀是为那些靠恩典得救的人保留的,凡信靠自己的人,都不能进入天堂。那些努力建立自己的义的人,那些信靠自己的宗教、不愿降服于基督之义的人,将被驱赶出去,那将是何等可怕啊!那时,他们会多么羡慕那些他们视为卑微之人,这些人乐意接受藉着耶稣宝血的赦免!他们将发现,他们曾鄙视神的恩赐,不愿选择神儿子的义和敬虔,反而宁可选择自己的义和宗教,他们是何等愚昧和邪恶啊!

以实玛利和以撒所代表的两类人最终会分道扬镳,所以他们所依据的原则也绝不能混杂,因为绝不能强使它们达成一致。我们得救,不能部分靠自己,部分靠神的应许。我们也必须从心中除去那种赚取救恩的思想和观念。任何程度和形式的这种想法都必须被摒弃。

如果我们如此糊涂，部分依赖恩典，而部分依赖自己的功德，那就好像一只脚踩在岩石上，另一只脚却踩在大海上，必然会掉落下去。靠行为得救与靠荣耀的恩典得救，绝无可能分摊。必须是完全出于恩典，或完全出于行为；完全出于神，或完全出于人；但不能只有一半出于恩典，另一半却出于人。如果是出于恩典，那么就不是出于行为；否则，恩典就不再是恩典了。如果是出于行为，那么就不再是恩典了："既是出于恩典，就不在乎行为；不然，恩典就不是恩典了"（罗 11：6）。

想要把这两个水火不相容的对立原则融合在一起的无用尝试必须停止。这应许，而且唯有这应许，才是我们盼望的根基，所有那些关于律法、行为和宗教的观念都必须被坚决摒弃，因为它们与靠恩典得救不可调和。我们绝不能"靠圣灵入门"，却盼望"靠肉身成全"（加 3：3）。我们的基督教信仰必须是一个没有掺杂的整体。在古时，禁止主的子民播撒混合的种子或穿亚麻和羊毛混纺的衣服，同样，将怜悯与功德、恩典与行为混杂在一起，既不合法而且无用。每当靠功德、感觉或仪式得救的观念出现时，我们就必须立即将其驱逐，一刻也不拖延，即使它对我们来

六、与心同行

说就像以实玛利之于亚伯拉罕一样可亲。信心不是眼见。灵不是肉体。恩典并非功德。我们绝不能忘记这两者的区别,否则我们就会陷入严重的错误,并且错失那只属于应许的后裔所得的基业。

以下是我们的信仰告白:

> "既知道人称义不是因行律法,乃是因信耶稣基督,连我们也信了基督耶稣,使我们因信基督称义,不因行律法称义;因为凡有血气的,没有一人因行律法称义。"(加2:16)

这里也是关于我们救恩之法的明确区分,我们希望保持它清晰明了:

> "如今也是这样,照着拣选的恩典,还有所留的余数。既是出于恩典,就不在乎行为;不然,恩典就不是恩典了。"(罗11:5~6)

你是否明白并理解?

七、应许属谁？

"各样美善的恩赐和各样全备的赏赐都是从上头来的,从众光之父那里降下来的,在他并没有改变,也没有转动的影儿。"(雅1:17)

耶和华对祂的受造物始终是公义和良善的;这是祂的本性。但无论是出于祂的公义还是出于祂的良善,祂都没有必要向那些背叛祂的人应许恩典。人已经丧失了他可能向造物主索取的任何形式的权利,尽管他或许觉得他有。他违背了他有义务遵守的纯洁和神圣的律法。神对人类无所亏欠,唯有对他的罪孽给予报应。如果神现在要以严格的公义来对待人,祂就必须谴责和惩罚他。至于说到对有罪的受造物的任何恩惠,那都只能源于人本不配得的神的怜悯和至高无上的良善。它必须自发地出自至高者的善意和喜悦。

照着应许

恩典的应许从神无尽的爱中流淌,也唯独源于此。它们不可能出自任何其他源头。全人类中,没有任何一个人拥有获得蒙福应许的天然权利,整个世界加在一起也配不上这些应许。神出于祂自己自由的旨意和美意向我们许下应许,其动机并非别的,乃是出于祂自己发自内心的爱。

神选择赐给祂的选民祂的应许,这些人将通过践行对祂的信心而逐渐显明自己。那些神所拣选的人会在圣灵的引导下,通过信靠基督耶稣,选择神和祂的救恩之法。经过多年谨慎思考,那些选民被引领信靠耶稣。所有信靠祂的人,都可以毫无疑问地断定,他们属于蒙受应许的那群选民。

对于那些在不信中活着并且死去的人,他们没有神绝对和个人的应许;他们不在恩典之下,而在律法之下,恐吓而非应许才属于他们。与其依靠恩慈的应许,这些人宁愿用另一种方式对待神,从而,最终因他们愚蠢的倾向而灭亡。蒙主拣选的人,接受引导,放弃了依靠自我和功德的骄傲之路;他们走上信心之路,从而找到灵魂的安息。相信神的话语,并信靠神差遣来作我们救主的那一位,看似小事,但事实却并非如此。这是拣选的记号,是重生的象征,也是未来荣耀的标志。相信神是真实的,并将自己永恒的利益寄托于祂

七、应许属谁？

的应许，表明了一颗与神和好的心，并且有一个灵存在，在这个灵里面，有完美的圣洁之始。

我们既然相信这位在基督耶稣里所启示的神，我们就相信祂所有的应许。对神的位格的信心包含对祂所说的一切的信心，因此，我们接受神所有的应许，认为它们是确定无疑的。我们不会信靠某一个应许而怀疑另一个，而是信靠每一个应许都是真实的，并且我们相信，就我们目前的状况和境遇而言，它对我们来说也是真实的。我们从一般性陈述到具体的应用进行论证。因为我信祂，所以那位曾经说过祂将要拯救一切信祂的人的神，将会拯救我。我作为信徒，每一个祂将会赐予信徒的祝福，也将赐予我。这个推理是合理的，我们藉此就证实了我们赖以生存和得到安慰的信心。我接受它，并非因为我配得什么，而是因为神在基督耶稣里白白地应许了我；这是我们盼望的理由和根基。

乍看之下，有人不禁会疑惑，为何并非所有人都信神。好像看起来，这神圣拣选的标记似乎普遍存在，因为神不能说谎，也没有理由怀疑祂会改变，或缺乏信守诺言的能力。然而，人心如此虚伪，以至于人怀疑造物主。他憎恨他的神，因此不信祂。人胆敢将虚假归算在那一位——祂就是真理——身上，这最能证明人天生就对神怀有敌意。"不信神的，就是将神当做说谎的，因不信神为他儿子作的见证"（约壹5：10）。

对永生神真实、实际的信靠，看似轻而易举，却是一种未曾更新的心永远不会践行的美德。道成肉身的神子所做的荣耀赎罪，值得全人类信靠。人们或许会想象，每一个罪人都会立刻在这洁净的泉源中洗净自己，毫不犹豫地相信神圣的救赎主；但事实却远非如此。人们不会为了得生命而来到基督面前（约5：40）。他们宁愿信靠别的任何东西，也不愿信靠耶稣的牺牲。除非圣灵在人身上行神迹，否则人不会信靠神曾为除去罪孽所预备并悦纳的伟大献祭。

因此，这简单而平凡的信心，成为区别神选民的标志。没有任何其他标志比这更可靠："信子的人有永生"（约3：36）。感动和行动或许都可以作为证据，但声称相信神的应许才是信祂的最主要的证据。"亚伯拉罕信神，这就算为他的义"（罗4：3）。这位族长的品格中还有许多其他优点，但最具决定性的是——他信神。事实上，这是他所有配得称赞的优点的根源。

世俗的智者们轻视信心，并将其与各种德行对立，但这种对立并非对等。这样做，无异于将泉

七、应许属谁？

源与其溪流相比,或将太阳与其自身的热量对比。如果真信心是圣洁之母,那么就让恩典之母因其子孙后代而受到赞美,而不要将其与恩典之母对立。这种不公平不对等的推理源于蓄意的恶意。如果人们真如他们所假装的那样热爱善行,他们就当热爱产生善行的信心。

神爱信心,因为信心荣耀祂,也因为信心引领我们顺服祂,这包括爱我们的同胞。信心的意义远超乎肉眼所见。从某种意义上说,信心是一切善行中最伟大的,正如我们的主耶稣所教导我们的。犹太人问耶稣:"我们当行什么,才算做神的工呢?"(约6:28)。他们乐意行神所喜悦的事,那也是主所称许,胜过一切的事。耶稣回答说:"信神所差来的,这就是做神的工"(约6:29)。这就是说,最蒙神称许的行为就是相信弥赛亚。信靠主耶稣是美德的顶峰。骄傲的人或许会嗤之以鼻,但这句话却是真理:"人非有信就不能得神的喜悦"(来11:6),而且,凡"信他的人,不被定罪"(约3:18)。这应许是赐给相信应许的人,而且,对那些人,这应许也必成就。凡拥抱这应许的人,也被这应许所拥抱。凡接受基督的人,也在基督里被接纳。真心相信的人,必定得救。

你相信你的神吗?

八、神白白赐予

"他已将又宝贵又极大的应许赐给我们"
（彼后1：4）

再次思想这句话。"他已将又宝贵又极大的应许赐给我们"。我们的一切，都归功于神的恩赐。我们靠着神的慈爱而活。我们所拥有的一切，都是我们领受的礼物；而我们将要拥有的一切，也必定来自于同一个途径。"因为罪的工价乃是死，唯有神的恩赐，在我们的主基督耶稣里乃是永生"（罗6：23）。从神那里，我们无法赚取任何东西，但神却能赏赐一切。救恩必定全然是一份礼物，一份白白的礼物，一份我们不配得的礼物，一份自发地出自神圣之爱的礼物。救恩的应许也具有同样的性质。

"施比受更为有福"（徒20：35）。而在万有之上最蒙福的那位、永远可称颂的神，乐于赐予。

正如太阳的本性是照耀，河流的本性是奔流，祂的本性就是要赐予。我们作为接受者是多么有福啊！当我们反思我们多么需要从神那里获得时，这一点就更加重要了；因为我们所需的是如此，如果得不到，我们即刻就失丧，而且将永远失丧。如果我们没有神，我们将没有生命，没有光明，没有盼望，没有平安。如果神没有按照祂丰富的恩典赐予我们，那么我们比赤身裸体、贫穷和悲惨更糟糕；我们将彻底地、完全地毁灭。我们不可能配得上如此丰富的礼物。即使我们配得什么，我们也必须无偿和无价地得到。神的应许必须是恩典的祝福。我们不能要求神应许赐给我们祂的恩惠以及其中所蕴含的无价祝福。

这教导我们应有的态度。依赖神的人没有理由骄傲。靠恩赐而活的人应当谦卑和感恩。我们是怜悯之门前的乞丐。在圣殿美丽的门口，我们每日坐下来祈求施舍——不是向敬拜者，而是向那一位，天使都在敬拜祂。每当我们的主走过，我们祈求，祂就赐予，然而，我们却并不惊讶于从祂的爱中领受，因为祂应许赐下极大的恩慈。祂教导我们说："我们日用的饮食，今日赐给我们"（太6：11），因此，我们既不羞于也不胆怯向祂祈求一切。我们的生命是仰赖的生命，我们也乐意

八、神白白赐予

它是如此。从我们被钉十字架的主手中领受一切,是何等甘甜。那引领我们在基督里得富足的贫穷是多么有福啊!我们无力赚取,却领受一切,因着时时与神的礼物有份而得到莫大的祝福。"他已将又宝贵又极大的应许赐给我们"(彼后1:4)。

亲爱的,对于所有那些感受到自己的迷失,理解并承认自己灵性破产的人来说,关于应许是纯粹的礼物的教导应当对他们是极大的鼓舞。对这样的人来说,一切都是神白白赐予,这应是令人振奋的话。如果神赏赐给我们,那么,为什么祂不赐给他们,以及其他有需要的人呢?我们这些在神里面喜乐的人,已经领受了一切,作为白白赐予的礼物。为什么其他人不能得到同样的礼物呢?他们说:"除了礼物,没有什么是白白的。"为什么你不应像我一样领受神的怜悯和爱呢?

对于愿意施舍的人来说,接受者一方的贫穷不仅不是障碍,反而是一种促进。来吧,你们这些没有功德的人,基督将成为你们的功德。来吧,你们这些没有义的人,祂将成为你们的义。来吧,你们这些满身罪孽的人,赦免的主将除去你们的罪。来吧,你们这些凄凉孤寂的人,将要在耶稣里成为富足。作一个乞丐很适合你,你将因此而发旺;因为我看到你是饥肠辘辘,钱包空空。锄地无力的人,不要为讨饭害羞(参路 16:3)。乞丐无需两手满满。打满补丁的破鞋,肮脏破旧的衣服——这就是一个乞丐合身的制服。你的灵性难道不是如此穿着吗?可怜的人越贫穷,在神恩慈之门口就越受到欢迎。你自己拥有的越少,那位厚赐与众人也不斥责人者就越会欢迎你(参雅 1:5)。

> 罪人来吧贫穷困苦,　软弱残疾伤遍体,
> 耶稣随时能救你们,　充满慈爱与能力;
> 不必迟疑不必迟疑,　祂既能够也愿意。
>
> 困苦的人欢迎接受,　上帝丰富的恩典,
> 真正相信真正悔改,　就能得祂的爱怜;
> 不需金钱不需金钱,　只到耶稣基督前。
>
> 劳苦担重的人来吧,　堕落失败留伤痕,
> 若要等到自己变好,　那天永不会来临;
> 主耶稣来主耶稣来,　非救义人救罪人。
>
> ——Joseph Hart[4]

---

[4] 选自圣诗:《劝人就主(Come Ye Sinners, Poor and Wretched)》,作者:哈特(Joseph Hart, 1712-1768),中译选自网上资源。

八、神白白赐予

是的，都是礼物。这就是我们被差派要向你们传讲的福音。"神爱世人，甚至将他的独生子赐给他们，叫一切信他的不致灭亡，反得永生"（约3：16）。"这见证就是神赐给我们永生，这永生也是在他儿子里面"（约壹5：11）。在神的那一面，全是赐予；在我们这一面，全是领受。应许已经作出，这是白白的。它将被成就，而且将被白白地成就。神不会开始赐予，之后却又要定价出售。领受祂的恩典，无需支付任何佣金。祂不要求或收取一分钱。祂的爱完全是一份礼物。你可以接受祂的应许，作为一份礼物。祂不会听从别的任何条件而自贬身份。祂的恩典是无偿的，也不会接受任何你能支付的代价。祂的儿子已经全然付清了。

经文中的话语是对贫穷之中最贫穷之人明白无误的邀请。哦，唯愿他们有勇气来接受这邀请！宏亮的钟声正在响起。它在敲响，是为了让所有渴望来到那无限慷慨的盛宴前的人，都能听到并来亲近神。白白地，照着祂丰盛的恩典，凡相信祂儿子耶稣基督的人，神应许赐予他们救恩和永生。祂的应许坚定不移。为什么大多数人却不信呢？

对于神如此白白赐予所有信徒的应许，你怎么看？你要相信它并遵照它而活吗？

九、神应许的现实

"凡靠着他进到神面前的人,他都能拯救到底,因为他是长远活着,替他们祈求。"
(来7:25)

无疑,永恒的神会向祂的受造物作出应许,这是一件奇妙的事。在祂发出这个誓言之前,祂可以随心所欲地自由行事;但在祂作了这个应许之后,祂的真实和尊荣约束祂,使祂必须按照祂自己所说的去做。对祂而言,这事实上并不限制祂的自由,因为应许始终是祂主权旨意和美意的宣告。祂总是乐意按照祂的话语行事。虽然神可以随心所欲地自由行事,但祂却屈尊与我们立约。祂不必这样做,但祂选择这样做。主与我们立了恩典之约,通过此约,祂不仅用言语承诺,更指着祂自己起誓,确认了祂的应许。"藉这两件不更改的事——神决不能说谎——好叫我们这逃往避难所、持定摆在我们前头指望的人可以大得勉励"（来6：18）。

在这约中，有许多宝贵的应许，都在基督耶稣里得以确认，并永远建立在神真理的根基上。这就是我们的盼望，正如保罗写给提多的信中所说，我们"盼望那无谎言的神在万古之先所应许的永生"（多1：2）。

神已经应许了，我们本着这个应许的信实，建立我们对今生和永恒的信心。我们并不认为将我们灵魂的救恩依靠在我们信实的造物主的应许之上是不明智的。为了帮助我们信靠，这些应许不仅是口头的，也是书面的。人们说他们喜欢白纸黑字的约定，而我们的情况也是如此。"我的事在经卷上已经记载了"（诗40：7；来10：7）。在圣灵默示的篇章中，两部约书立定。我们相信圣经，就必然倚靠其中所含的应许。

有许多人并不把神的应许视为现实，这就造成了他们许多软弱。如果某位朋友向他们许诺，他们会视之为实实在在的事情，并期望他们信守承诺；但神的宣告却常常被视为空洞的言辞，毫无意义。这是对主极大的不敬，也对我们自身造成伤害。请放心，主从不花言巧语："他说话岂不照着行呢？"（民23：19）。

九、神应许的现实

祂既承诺总会信守。大卫如此论到耶和华对他的应许："神却与我立永远的约。这约凡事坚稳"（撒下23：5）。神说话是经过深思熟虑的，有其次序和决心，祂的话语是确定的，祂怎么说，必将怎么成就，因此我们可以信赖。曾否有任何一位信靠主的人感到困惑？可曾发现过任何一个我们的神违背了祂自己的话语的实例？历世历代以来，以色列应许之神曾经在祂说过的话上背信弃义，这类事一次也没有发生过。

我们钦佩具有忠诚品格的人，我们无法想象神的品格中会缺乏忠诚。因此，我们可以有把握地信靠祂，神的话语与神的实存同样可靠。据说，在滑铁卢战役中，格布哈德·列博莱希特·冯·布吕歇尔[5]率部前往支援威灵顿公爵对抗拿破仑，他的部队却步履蹒跚，他们说"这不可能做到。""必须做到。"他回答说："我答应了要到那里去——答应了，你听见了吗？难道你会愿意让我食言吗？"

他按照他的诺言到了滑铁卢，没有什么可以阻碍他，因为他已经答应了。我们赞扬如此忠实守信。对一个不信守诺言的人，我们不会太看重他。全能的神难道会违背祂的诺言吗？不，祂宁

5　格布哈德·列博莱希特·冯·布吕歇尔（Gebhard Leberecht von Blücher，1742-1819），普鲁士王国元帅。

可震动天地，让宇宙发抖，也不愿不履行祂的诺言。祂似乎在说："这件事必须完成，因为我已经应许了——我答应了，你难道没有听见吗？"为了信守对我们的应许，祂甚至不惜牺牲自己的儿子。在神看来，耶稣之死要远强过主的话语不被兑现。我再说一遍，信靠它吧！主说到做到，祂所说的每一个字，一笔一划，都要成就。然而，遗憾的是，除了被拣选的后裔，没有人会相信祂。你愿相信祂吗？

无论还有谁会撒谎欺骗，神始终是真实的。与神的真实相比，把全世界的真理都聚集在一起，也不过是沧海一粟。与神确凿的真理相比，世上最诚实之人的信实也不过是虚空。最正直之人的信实如同烟雾，而神的信实却如同磐石。如果善良的人值得信任，那么美善的神岂不更值得我们无限的信靠吗？

为什么信靠神的应许似乎是一件不寻常的事？不知何故，在许多人看来，这似乎是一件梦幻、感伤、神秘的事情；然而，如果我们冷静地看待它，它却是最实事求是的事情。神是真实的；其他一切都模糊不清。祂是确定的；其他一切都可疑。神信守诺言是绝对必要的。否则，祂怎么能是神呢？相信神应该是理智的行为，无需费力。

九、神应许的现实

即使有些困难，一个单纯而清心的人也应该由衷地说："神是真实的，人都是虚谎的"（罗3：4）。若不是以全心全意的信心相信神，那就是剥夺了祂因无瑕疵的圣洁而应得的荣耀。

我们对神的本分要求我们接受祂的应许并付诸行动。每个诚实的人都有权要求得到信任，真理之神更配得这样的信任。我们应当将应许视为已经承诺之事的实体，正如我们将某人的支票或期票视为实际的付款一样。在每天的商务往来中，应付的票据不断转手，就好像是企业主拥有的现金一样，神的应许也应当被如此对待。我们要相信，我们向祂发出的祈求，祂已赐下。祂配得我们如此行，祂也应许会奖赏这样的信心。

让我们把应许视为如此确凿无疑之事，以至于我们要照着它去行，并把它作为我们一切筹算的重心。主应许凡信耶稣的人，必得永生。因此，如果我们真心相信耶稣，就让我们认定我们拥有永生，并为此极大的特权欢欣喜乐。神的应许是我们确据的最佳根基；它远比梦境、异象和虚幻的启示更确凿。神的应许远比喜乐或悲伤的感觉更可信。经上记着说："信他的人不被定罪"（约3：18）。我信耶稣，所以不被定罪。这是很好的推理，结论也是肯定的。如果神这么说了，那就一定如此，毫无疑问。没有什么会比神亲自的宣告更确凿了。没有什么比祂用自己的手和印记所保证的事情更确定将会发生。

一个在罪疚重负之下的灵魂，相信主的警告，而且这种信念，不仅异常强烈，而且非常明显，因为敬畏的信心会在内心滋生无比的恐惧和惊愕。为什么应许却不能以同样的感受来接受呢？为什么它们不能以同样的确信被接受呢？如果良心理解到，"信他的人不被定罪"，那么，应当以同样的确据来接受，"信而受洗的必然得救"（可 16：16），因为这两句都是神的话。一颗觉醒的心灵往往会徘徊于神话语的阴暗面，感受其全部力量，同时却忽略了记叙的光明部分，并对其产生疑虑，仿佛它好得令人难以置信。这是愚昧。如果我们以自己的不配来衡量，那么一切祝福都好得让我们瞠目结舌；但如果我们以神无比的卓越来评判，那么没有任何祝福对于神会是好得以至祂不愿赐予。赐予无限的祝福，正是慈爱之神的本性。如果亚历山大大帝如同君王般广施恩惠，耶和华难道不也如同神一般地赐予吗？

我们有时听到人们说："如死般确定"。那么，我们也可以正确地说："如生般确定"。来自神的恩惠就如同来自于祂的公义审判一样确定。凡信耶

九、神应许的现实

稣的,不至灭亡,反得永生(参约 3:16)。这必定如此,因为神的话语已经这么说过,绝对无误。

不错,主言出必行。祂从不会以假大空的言辞嘲弄世人。祂为何要欺骗祂的受造物,要求他们对祂毫无价值的信靠?主所实际赐予的,往往会超过祂话语原本所说的,但祂却决不会亏欠祂曾应许的。我们可以用最慷慨大度的尺度来诠释祂的应许。祂所供给的,绝不会低于对应许的最大期待。信心从来不会超越主的丰盛。让我们拥抱应许,并且为着它是实体而非影子而喜乐。让我们甚至在现在,就为着它是"所望之事的实底"(来 11:1)而喜乐。

十、信徒特别的宝藏

"我的神必照他荣耀的丰富,在基督耶稣里使你们一切所需用的都充足"

(腓4:19)

神的应许是信徒特别的宝藏。信仰传承的实质在于此。我们的圣约之神的一切应许都属于我们,并为我们个人所拥有。我们藉着信心接受并紧抱它们,它们构成了我们真正的财富。我们目前享有一些珍贵的事物,但我们财富的主要部分,我们财产的大部分,都在于神的应许。我们手中所拥有的,只是那无可估量的恩典工价的保证金,这工价到了时候必定会付给我们。

主如今就已恩赐我们今生和敬虔度日所需的一切,但祂最美好的祝福却是为将来所预备。每日赐予我们的恩典,是我们回家路上的零花钱,但并非我们的财富。神护理性的供应仅仅是行军途中的口粮，并非将在终点举行的爱的盛宴。我们或许会错过这些路边的小吃，但我们注定要"被请赴羔羊之婚筵"（启9：9）。盗贼或许会偷走我们手头的现金，但我们那特殊的宝藏与基督一同藏在神里面，根本不怕丢失。那为了使我们拥有这宝藏而流血的手，正在为我们保管它。

对应许拥有完全的确据是无比喜乐之事。虽然我们也许会失去这种喜乐的感觉，或者会发现很难重获这样的喜乐，但永恒的基业必将仍然属于我们。这就像一个人手里拿着一份地契，满心欢喜地翻看着。但是不幸地，他的这份地契被盗或遗失了。遗失地契并不意味着他失去了他的所有权。尽管在这地契被补发之前，他无法继续阅读，但他对这份财产的所有权却不会动摇。

圣约的应许附著与每一位与基督同为后嗣的人，这种附著不会断裂。许多事件可能会动摇信徒的安全感，但这应许却"定然归给一切后裔"（罗4：16）。我们最伟大的财富不在乎我们照着应许而在今世获得的舒适或自信，而是在乎应许本身，以及那荣耀的，已经为我们担保了的基业。我们的基业不在约旦河的这一边。我们将要居住的城不在今生的边界之内；尽管我们现在只能从远处观看，但我们等候那荣耀之日完全的喜

十、信徒特别的宝藏

乐,那时,我们圣约的元首要在祂的荣耀中显现,祂的子民也必与祂一同显现。神的护理是我们在世上的补贴,而神的应许才是我们天上的基业。

你是否曾经想到过要问一问,为何神用应许来对待祂的选民?祂本可以立即赐下祂的祝福,并且不用告知我们祂的意图。如此一来,祂就无需与他们立约。就这些事情的自然本质而言,这种应许的计划毫无必要。主本可以赐予我们一切所需的恩慈,而无需承诺祂要这样做。凭借祂伟大的旨意和坚定的目标,神本可自己暗自决定要为信徒所做的一切,而无需把他们变成祂的朋友,参与祂的神圣谋划。自从世界立定根基以来,祂的许多旨意都是隐秘的;那么,为什么祂要将祂祝福的目的启示出来呢?为什么从伊甸园之门直到如今,祂对待祂的子民都一直是基于公开表达的应许呢?

这个问题本身难道不就是答案吗?首先,如果没有一个我们要相信的应许,我们就不可能成为信徒。如果救恩体系要藉着信心,那么就必须有使信心得以实践的应许。之所以选择了凭信心得救的计划,是因为它最符合恩典的原则,而这涉及到赐下应许,使信心既得到滋养,又有根基。没有应许的信心就像没有立足之地的脚;这样的信心，如果可以被称为信心，就不配属于恩典的计划。既然信心被选作伟大的福音性的方针，应许就成为福音时代的重要组成部分。

此外，我们良善的神有意赐予我们美好事物的应许，以至我们可以享受两次：首先是凭着信心，然后是凭着成果，这难道不是令人愉悦的想法吗？祂通过应许给我们双重的恩赐，而我们也凭着对应许的信心而接受两次。许多应许得到应验的时间并不在将来；凭着信心，我们得以将应许付诸实现，而所期待的祝福的预兆，早在它真正到来之前，就已将福分充满了我们的灵魂。

对此，旧约圣徒们为我们作了大规模的例证。在神的儿子真正出现在人间之前，万国将因他们的后裔蒙福的伟大应许，就是成千上万信徒的信心之基础、盼望之根基和救恩之肇始。我们的主说："你们的祖宗亚伯拉罕欢欢喜喜地仰望我的日子，既看见了，就快乐"（约8：56）。这位信心之父，透过神应许的望远镜，用信心的眼睛，看到了基督降临的日子；虽然亚伯拉罕没有实际经历到那应许的应验，而是像以撒、雅各和其他许多圣徒一样，在主降临之前就死了，但他仍然可以信靠基督，在基督里喜乐，并且爱基督，服侍基督。在耶稣在伯利恒出生或在加略山上被钉

十、信徒特别的宝藏

之前，信徒们就已经如此地看见了基督，以至他们感到快乐。在这位救主真正出现之前，应许就已经给了他们一位救主。

我们此刻也是如此。藉着应许，我们开始拥有未见之事。藉着期待，未来的祝福现在就与我们同在。信心使时间废止，距离消除，未来之事立即成为拥有。主尚未让我们加入天上的哈利路亚。我们尚未走过珍珠门，也未踏上透明的黄金街；然而这喜乐的应许穿透了我们苦难的阴霾，并让我们立即预尝荣耀的滋味。

虽然我们尚未真正拿着凯旋的棕榈，却凭着信心夸胜；虽然我们尚未带上永不衰残的冠冕，却凭着信心与基督一同作王。我们目睹从应许中破晓而出的光芒时，也无数次地看到天堂的曙光。凭借活泼的信心，我们曾登上摩西站立之处，远眺那流奶与蜜之地；此后，每当无神论者宣称天国之城并不存在时，我们却回答说："难道我们不曾从愉悦山上看到过吗？"[6] 靠着应许，我们所见已经足以使我们确信主为爱祂之人所预备的荣耀（林前2：9）。于是，我们不仅初尝了应许的福乐，并在其中找到了最终完全享受这福乐的可靠保证。

6　原注：见约翰·班杨著《天路历程》。

你难道没有想到过，这应许也意在引领我们远离那些可见之事，不断向前向上，朝向那属灵和未见之事吗？靠着神的应许而活的人，相对于活在令人窒息的日常生活的洼地，已经攀升到了截然不同的境界。"投靠耶和华，强似倚赖人。投靠耶和华，强似倚赖王子"（诗118：8-9）。事实确实如此；因为它更属灵，更高尚，也更令人振奋。我们需要借着神的能力，被提升到这种崇高的信靠，因为我们的灵魂在本性上更紧贴尘土。

唉！偶像崇拜使得我们要看、要摸、要拿，这种欲望束缚了我们（参西2：20～21）。我们依赖感官，却没有足够的理智去信靠我们的神。以色列人在旷野曾经呼喊"起来，为我们做神像，可以在我们前面引路"（出32：1），这同一个灵也引导我们渴望一些有形体，有血有肉的东西，好让我们的信心得以立足。我们渴求证明、记号和证据，却不愿接受神的应许比所有可见的迹象更美好、更确定。因此，我们因着渴求看得见的记号和证据而虚度光阴，直到我们被迫去尝试那些未见、却更好和更确定之事。哦，神的儿女蒙召要遵照应许的法则而行，用暂时的沙土换取永恒的磐石，这是何等蒙福啊！

此外，应许能帮助我们的心认识主本身的真实性。

十、信徒特别的宝藏

神的儿女相信这应许时,就会感受到神的实存,并且祂会赏赐那些专心寻求祂的人(参来11:6)。我们倾向于远离真实的神。我们生活和行事都处于物质主义的领域,很容易被其影响所俘虏。当我们感到身体疼痛时,我们会觉得身体是真实的;当我们被烦恼和困难压得喘不过气时,我们会觉得这个世界是真实的;然而,身体只是可怜的外套,尘世也不过是一个泡沫,两者都不会长久。虽然这些可见之事皆属虚无,但遗憾的是,在我们看来却显得如此真实。我们需要知道,未见之事与可见之事同样真实,甚至更加真实。在这个垂死的世界里,我们需要一位永生的神,并且必须让祂真正地靠近我们,否则我们就会失败。主正在训练祂的子民,让他们认识祂自己。祂的应许就是这教育过程的一部分。

主赐给我们信心,使我们安息于祂的应许时,我们便与祂面对面。我们问:"是谁赐下这应许?谁来成就这应许?"于是,我们的思想便被引领到荣耀神的面前。我们感受到祂对我们整个属灵生命的体系是多么不可或缺,祂又是多么真实地进入到我们的灵里面,以至"我们生活、动作、存留,都在乎他"(徒7:28)。如果这应许使我们欢欣鼓舞,那只是因为神在它背后,单单应许的话语，除非出自那位不能说谎之神的口，除非由那从不落空的手成就，否则对我们来说毫无意义。这应许预示着神的旨意，是将要到来的祝福的影儿。事实上，它是神与我们亲近的象征。

我们必须仰望神来应验祂的话，这也是祂用应许的方式对待我们的原因之一。如果主将怜悯毫无预兆地降在我们门前，我们或许不会在意这些怜悯从何而来。如果祂像每天早晨让太阳升起一样，规律地、不间断地赐下恩慈，我们可能会将它们轻描淡写地视为自然规律的常见结果，而且因着祂适时的护理，反而会忘掉要依靠祂。我们现在读到了应许、凭信心接受了应许、在祷告中祈求应许，并见证应许在适当的时候得到应验，我们才领悟到神的实存和祂的慈爱，否则我们就会缺失这伟大的试验。

神有规律的恩赐本应维系和增强信心，却常常削弱信心。那些靠政府年金或月租维持生计的人，很容易忘记神也介入其中。事情本不该如此，但由于我们内心的坚硬，结果持续不断恩慈的护理却常常造成这类不幸的后果。

如果那些在旷野出生，经年累月地每天早晨采集吗哪的以色列人，不再对此感到惊奇，也不再在其中看到主的恩慈，我一点也不会感到惊讶。

十、信徒特别的宝藏

可耻的愚昧，却又如此普遍！许多人过着勉强糊口的生活，却在每一口面包的恩赐中看到了主的恩惠。随着时间的推移，靠着神的恩惠，他们在这个世界上繁荣昌盛，获得了一笔固定的收入，既没有为之操心，也没有为之烦恼。很快，他们就把这视为自己辛勤劳动的自然结果，不再赞美主的慈爱。没有留意主的同在而活着，这是一种可怕的状态。得到供应，却不是从神而来！得以生存，却没有神的恩慈！

与其如此，倒不如贫穷、疾病或流亡，被我们的境遇所驱使去亲近天父更好。为了避免我们落入忘记神的咒诅，主乐意将祂最美好的祝福与祂自己的应许互相搭配，并借此激发我们的信心。祂不会让祂的恩慈成为面纱，遮住祂的面容，使我们无法用爱来注视祂，而是让祂的恩慈成为窗户，透过它，祂可以注视着我们。在应许中可以见到应许者，我们静观祂恩手的作为，由此，我们就从那潜伏在人心中自然的无神论中得救。

我认为有必要重申：我们之所以被置于应许的体系之下，是为了让我们在信心中成长。没有应许，怎么会有信心呢？如果不越来越多地抓住应许，信心又怎么能增长呢？在有需要的时刻，我们就会想起神曾说过："要在患难之日求告我，我必搭救你"（诗50：15）。信心相信这话，求告神，便得到拯救；因此，信心得到坚固，并得以荣耀主。

有些时候，信心发现应许并没有就在那个时刻应验，而是需要等待一段时间。这对信心来说是很好的操练，同时也作为对信心的检验，看它是否真诚和坚固。这检验给信徒带来确据，并使他们充满安慰。过了一段时间，祷告蒙应允，应许的祝福临到，信心获得胜利的冠冕，荣耀归于神；但与此同时，这等待也产生了盼望的忍耐，使每一份恩慈都具有双重价值。应许为信心提供了训练场。它们帮助我们操练我们幼小的信心，使它能够成长为如此强大的信心，以至于能够"冲入敌军""……跳过墙垣"（撒下22：30）。若我们对神的信心坚定，对那些"不可能"的说辞，我们会一笑置之，并高呼："必定成就。"然而，信心若不环绕着一个绝对无谬的应许，这一切就不可能发生。

那些尚未实现的应许，对我们属灵生命的进步提供了宝贵的帮助。它们鼓励我们要藉着超越伟大而宝贵的应许，而渴望追求更高的目标。对未来美好事物的憧憬，赋予我们力量，使我们能够忍耐并奋勇向前。你我就像一个正在学走路的小孩子，在他面前举着一个苹果，鼓励他一步又一步

十、信徒特别的宝藏

地往前走。看到应许的景象,就劝导我们去检验我们信心那颤抖的双腿。这样,就吸引着我们更靠近我们的神。小家伙很容易抓住椅子并大着胆站到椅子上,这就很难让他松开手;但最终,他会鼓起勇气,做一次小小的旅行,最终来到了母亲的膝下。这次小小的冒险引领他一次又一次地尝试,直到他能够独自奔跑。苹果在孩子的训练中扮演着重要的角色,而应许则帮助我们培养信心。我们得到了一个又一个的应许,直到——我希望——我们能够放弃在地上爬行和对属世之事物的执着,可以全身心踏上信心之路。

在各种属灵恩典和行为中培育我们的灵魂,应许是必要的手段。我常说:"我的主,我从祢领受了许多。愿祢的名受颂赞,但还有一个应许我尚未享受,因此,我要继续前进,直到我达至它的完全实现!未来是一片未知的土地,但我带着祢的应许进入其中,我期望在其中找到一直以来伴随我的同样的良善和怜悯。是的,我寻求比这些更伟大的事。"

我必须要提醒你们,应许是我们在今生管理属灵状态的一部分,因为它激发祷告。祷告不就是向应许的恳求吗?应许可以说是祷告的原材料。在应许的水库中储存着水,祷告用这水灌溉生命的田野。应许就是祷告的力量。我们来到神面前，对祂说："照祢说的去行吧。主啊，这是祢的话语；我们祈求祢成就它。"

因此，应许是我们用来射出祈求之箭的弓。在我遭遇患难的时候，我喜欢找到一个恰好符合我需求的应许。然后，我把手指放在它上面，说："主啊，这是祢的话语；我祈求祢在我面临的情况中成就它，来证明它的确如此。我相信这是祢亲手所写的，我祈求祢使用它来验证我的信心。"

我相信完全的默示（plenary inspiration）[7]，并谦卑地仰望主，相信祂所写下的每一句话，祂都将完全应验。我乐意要主谨守祂所用过的每一个词语，并期望祂照祂所说的去做，因为祂已经说过了。因着需要而被驱使去祷告固然重要，但在应许的激发下产生了期待，这期待吸引我们祷告则更有益处。如果神不给我们祷告的理由，然后用对恩典应许的答案鼓励我们，我们还会祷告吗？事实上，我们在神的护理计划中受考验，然后我们察验应许。我们被带入属灵的饥渴，然后我们被"神口里所出的一切话"（太 4：4）所喂养。

通过主和祂的选民一起遵循的体系，我们得以

---

[7] 原注：完全默示的意思是，圣经里的每一个字都是神赐给我们的，都是神所默示的。

十、信徒特别的宝藏

与祂不断相交，我们不可忘记我们的天父。我们要常常坐在施恩的宝座前，为已成就的应许而赞美祂，并为着我们所倚靠的应许发出恳求。我们无数次地拜访神的居所，因为我们有一个需要恳求的应许，也有一位等着施恩的神。这难道不是一个值得我们感恩的体系吗？主不仅将未曾应许的祝福倾倒在我们身上，祂也使这些祝福成为祂应许的主体和我们信心的对象，从而提升了这些恩惠的价值，我们岂不应当为此而赞美主吗？

十一、应许的评估

> "因此,他已将又宝贵又极大的应许赐给我们"(彼后1:4)

我们已将应许视为我们的宝藏。现在是时候要好好审视它们,并计算它们的价值了。既然应许是我们的财富,就让我们正确地评估我们的财富。我们或许并不完全了解自己有多么富有。仅仅因为对我们拥有的宝贵资源无知而虚度光阴,那将是多么可惜。愿圣灵帮助我们,正确地评估应许之约中为我们存留的丰盛恩典和荣耀!

使徒彼得说这些应许极其宝贵,极其伟大。它们的确超越了一切可以与之相比的事物。从来没有人像神那样应许过。君王们甚至承诺要赏赐他们王国的一半,但那算什么呢?神应许将祂的儿子,甚至祂自己,赐给祂的子民,祂做到了。君王们总会在什么地方划定底线;然而主在为祂所拣选的人所命定的恩赐上，却没有设下界限。

神的应许不仅无先例可循，也超越一切仿效。甚至以神自己为典范，也无人能在慷慨大度的言语上与祂匹敌。如同天高过地，神的应许也远超其他一切应许。

神的应许也超出了我们所有的期望。祂为我们"充充足足地成就一切，超过我们所求所想的"（弗3：20）。没有人能够想象主会赐下如此丰盛的应许。这些应许超越了我们所能梦想的一切，就连最美好的盼望也难以望其项背，最崇高的理想也相形见绌。圣经必定是真实的，人不可能编造出来。其中所包含的应许，若与某个满怀希望的人所能憧憬的相比，其量之多，其质之优，难以言说。神那无比丰富、振奋人心的话语，令我们惊喜。祂丰盛的祝福使我们不知所措，以至我们会像伊利莎白一样，在难以遏制的惊讶中坐下，并高声喊着："这是从哪里得的呢？"（路1：43）。

神的应许无可度量：其意义深邃如渊，其超越高过诸天，其广阔绵延如海洋。对每一个应许，我们都可以说："它如此崇高，我无法企及。"总的来说，神的应许彰显了神的丰盛和全备；如同神自己，它们充满万物。它们的范围无边无际，无论我们醒着还是睡着，无论我们外出还是

十一、应许的评估

归来,它们都无处不在。它们涵盖了从摇篮到坟墓的整个生命。它们可以说是无所不在,因为它们随时随地都围绕着我们。当我们入睡时,它们是我们的枕头;当我们醒来时,它们依然与我们同在。"神啊,你的意念向我何等宝贵!其数何等众多!"(诗139:17)。它们超越一切概念和计算;我们钦佩它们,并崇拜它们的赐予者,但我们永远无法衡量它们。

神的应许甚至超越一切经验。那些属神的人,虽然他们认识主五六十年了,但也从未领悟到祂应许的全部精髓。尽管如此,却仍然可以说,"箭在前头"(撒上20:22)。未来还有更美好、更深奥的事物有待探索。凡凭借经验,最深入地探究神应许之深奥的人,都充分意识到,还有更深不可测的恩典和爱。应许比生命更长久,比罪更广阔,比坟墓更深,比云霄更高。最熟悉这本应许之金书的人,在研读它时,仍仿佛是新手。即使是以色列的先辈们也发现这本书超越知识。

当然,我无需赘言,这些应许超越一切表述。即使赋予我能力,可以掌握所有人和天使的语言,我也无法描述神的应许有多么伟大。它们不仅超越了一种语言,而是超越了一切语言。它们超越了所有赞美者曾经发出过的所有热情的赞美。即使是宝座前的天使，也仍然"愿意详细察看这些事"（彼前1：12），因为他们尚无法触及那奥秘——其长、其宽和其高。在基督耶稣里，一切都超越了语言的描述。在祂里面的应许使得一切语言——无论是人的还是神的——都显得苍白无力。让我去尝试不可能之事，终究徒劳。

彼得说这些应许极其伟大。彼得说这的确如此，他对此深有体会。这些应许来自一位伟大的神，它们向我们保证伟大的爱，它们临到极大罪人，它们为我们成就伟大的果效，而且它们对付极大的事。它们如最伟大一样的伟大。它们将伟大的神带给我们，成为我们永远的神。神的第一个应许就是应许将祂的儿子赐给我们。我们习惯于说"感谢神，因他有说不尽的恩赐！"（林后9：15），但不要让这些话轻易地脱口而出。因为神赐下祂的独生子，这是超越一切可能想象到的伟大的爱之举；事实上，要用词语来形容这爱的奇迹，甚至"伟大"这个词也嫌太微不足道。主赐下祂的儿子，为我们所有人白白地交出祂——然后呢？祂应许赐下圣灵，保惠师，永远住在我们里面。我们能度量这伟大应许的价值吗？圣灵在五旬节降临，应验了那古老的预言。这奇妙的降临，岂不是一份极其伟大、极其宝贵的礼物吗？请记

十一、应许的评估

住,圣灵在我们心中运行,所有那些恩典都是在帮助我们预备好进入天国。愿荣耀因祂无限恩典的降临而归于神!

接下来呢?我们的主已经应许我们,祂将再来,第二次降临不再是为了救恩而献上的赎罪祭(参来9:28)。所有圣徒聚集一起,能否完全衡量这第二次再来的应许之伟大?这对圣徒们意味着无限的喜乐。祂还应许了什么?祂应许说,因为祂活着,我们也要活着(参约14:19)。我们将拥有灵魂不朽的喜乐。我们还将享受身体的复活。我们将与基督一同作王(参提后2:12)。我们将在祂的右边得荣耀。成就的应许或未成就的应许,暂时的应许或永恒的应许——它们真是如此伟大,以至于我们无法想象它们怎么能够更伟大。

> 主门徒的信仰是何等稳当,
> 根基建在真神奇妙话语上,
> 投靠基督耶稣进入避难所,
> 主言何等全备又何等真确,
> 主言何等全备又何等真确。[8]

---

[8] 原注:选自圣诗"How firm a Foundation",作者不详;中译《稳当根基》。

你们这些自诩甚高的饱学之士,请告诉我,你们如何评价这些信实的应许!我看到了赦罪的应许。你们这些蒙赦免的人,宣告这祝福的伟大吧!这里是"得儿子名分"(弗1:5)的应许。神的儿女们,你们开始明白"父赐给我们是何等的慈爱"(约壹3:1),宣告你们的喜乐吧!这里有"做随时的帮助"(来4:16)的应许。你们这些经历过试炼的人,你们知道主如何扶持和拯救祂的选民;宣告祂恩典的伟大吧!这里是应许:"你的日子如何,你的力量也必如何"(申33:25)。你们这些为基督辛勤工作,或日复一日背负祂十字架的人,你们感受到确定的扶持的应许是多么伟大。这又是一句多么奇妙的话:"他未尝留下一样好处,不给那些行动正直的人"(诗84:11)!这又是怎样的句子啊:"万事都互相效力,叫爱神的人得益处,就是按他旨意被召的人"(罗8:28)!

有谁能估量如此恩慈的确据是何等广阔?不,你无需从口袋里掏出卷尺;它在这里对你毫无用处。即使你能以恒星的距离为基准,一切计算仍然不可能。富人虽然田连阡陌,丈量他们土地的链条在此也毫无用处。某位百万富翁夸耀他的财产"从这海直到那海"(诗72:8),但我们的所有却是由信实的神所确保,任何海洋都不足以

十一、应许的评估

成为界限。这个主题如此宏伟之极,以至我无力表达,因此我最好缄口不言。

我们正在思想的这节经文谈到了"又宝贵又极大的应许"。极大和宝贵很少同时出现,但在这里,它们紧密相连。主开口作出应许,这必定是值得祂作出的。祂的话语充满极大的能力和丰盛。我不会试图从教义上阐述这些应许的宝贵,而是会依靠那些曾经尝试并证实过这些应许之人的经验。

亲爱的,这些应许对困苦穷乏的人何其宝贵!那些意识到自己灵性贫乏的人,能辨别出那应许的价值,这应许正是为他们预备的。对于那些享受了应许实现的人来说,这些应许也何其宝贵!我们可以回想我们处在低谷,主按照祂的话语帮助我们的那些时节。甚至在祂把我们从可怕的深坑中救拔出来之前,我们因着盼望祂会显现来拯救我们,而避免了陷入更深的泥潭。祂的应许使我们在到达爱的筵席之前免于饿死。我们预期到未来的试炼,我们的信心在于这应许,因此,即使在它真正应验之前,它对我们来说就已经非常宝贵了。

我们越相信这应许,就越能在其中发现可信之处。主的话语对我们来说如此宝贵,以至我们宁愿放弃一切,也不愿丢弃其中的任何一句话。我们无法预知接下来需要主的哪个应许。那些我们几乎未曾留意过的，或许在某个时刻会成为我们生命中不可或缺的。感谢神，没有要求我们放弃圣经护心镜的任何一枚珠宝。"神的应许不论有多少，在基督都是是的，所以借着他也都是实在的，叫神因我们得荣耀"（林后1：20）。

有时我们卧病在床，一连数月地望向永恒，在痛苦和疲惫中经受着极大的考验和诱惑时，这些应许是多么珍贵！我们的信心牢牢抓住神的应许时，所有令人沮丧的情形都会失去它们邪恶的力量。意识到我的头脑和心灵都聚焦在应许之上，那是多么甜蜜。我安息在至高者的真理上！并非尘世的虚空，而是属天的真理让我得安息。在其他地方找不到任何能与这种完美的安息相比的东西。在宝贵的应许中找到平安的珍珠。那能够帮助垂死之人的，的确是宝贵的，能够使他们带着喜悦进入永恒，好似参加婚宴。那永远存在，并且喜乐地永远存在的东西，才是最宝贵的。那能带来一切，并且包含一切的，才是真正最宝贵的；这就是神的应许。

如果这就是这些应许的伟大和宝贵之处，那就让我们欢喜快乐地接受并相信它们。神的儿女会相信我吗？也许会，但即使不相信我，他也会相信他自己的天父。毫无疑问，对于至高者的儿女来说，

十一、应许的评估

相信那一位，祂赐予他们能力成为神儿女，应该是世界上最容易的事情。我的弟兄姊妹们，让我们不要因不信而对这应许动摇，而要完全相信！

此外，让我们认识这些应许。我们难道不应该把它们放在手边吗？我们难道不应该比任何其他事物都更认识它们吗？这些应许应该成为信徒的经典。即使你没有读过刚刚出版的新书，也没有听说过政府最新的投票结果，你也应该非常清楚神，我们的主说过什么，并且应该期待祂的话语得以应验。我们应该熟读圣经，以便随时能将最切合我们情况的应许挂在嘴边。我们应该成为圣经的抄本。神圣的应许应该写在我们心中，就像写在圣经的书页上一样。任何神的儿女竟然不知道那能够使他富足的君王之应许的存在，那是可悲的遗憾。我们当中任何一个人，如果像那个穷汉一样，虽拥有一笔巨大的遗产，却一无所知，继续一边扫大街，一边乞讨，那可真是可怜。你把锚藏在家里，你的船却在海上遭遇风暴，这锚又有什么用呢？如果你不记得要在祷告中祈求得到的应许，那这个应许有什么用呢？不管有什么别的你还不知道的，都要努力去熟悉主的话语，它们对我们的灵魂比食物对我们的身体更宝贵。

让我们也好好使用这些应许。不久前，一位朋友给了我一张支票，用于某些慈善机构。他对我说："记住，今天一定要把它存入银行。"你尽管放心，我一定会这么做。我不会为了鉴赏和把玩而保存支票；支票会存入银行，然后现金会被兑现并得到使用。

我们伟大的神所赐的宝贵应许明确地意在要人将其带到祂面前，用以换取它们所担保的祝福。祷告将应许带到信心的银行，获得黄金般的祝福。务必谨慎你怎么祷告。祷告要真心实意，切勿流于形式。有些人祷告了很久，却没有得到他们本应祈求的，因为他们没有以真诚、务实的方式祈求应许。如果你走进一家银行，站着和职员交谈了一个小时，然后出来时却仍然两手空空，没有拿到你的钱，那还有什么意义呢？如果我去银行，我会把支票递过柜台，取钱，然后去做我的事。这才是最好的祷告方式。按照祂的旨意祈求你所需要的，因为主已经应许了。相信你已经得到祝福，并带着对它的充分确据去做你的工作。不要老是跪着，站起来歌唱吧，因为应许已成就。如此，你的祷告必蒙垂听。赢得神的恩惠，不在乎祷告的时间有多久，而在于祷告的力量有多强；而祷告的力量在于你对应许的信心，是你将这应许带到主面前求。

十一、应许的评估

最后,谈论有关应许。把王的话语告诉王的一家人。切勿将神的灯放在斗底下。应许是公开宣告。要把它们挂在墙上。在市场上大声宣读。哦,但愿神宝贵的应许使我们的谈话变得更甜蜜!晚饭后,我们常常有半个小时左右围坐在一起,抱怨牧师,或闲聊邻居。这常常变成我们周日的消遣!如果我们说:"喂,朋友,现在引用一个应许",而对方回答说:"你也提到一个应许",那岂不是更好吗!然后,让每个人根据自己切身体会谈谈对主如何实现这些应许的理解,让在场的每个人讲述主如何对他实现了祂的应许的故事。通过这种圣洁的对话,我们会温暖自己的心,愉悦彼此的灵,这才是度过安息日的正确方式。

商人们谈论他们的生意,旅行者讲述他们的冒险经历,农民谈论他们的收成。那么,我们岂不应当多多宣扬主的美善,并谈论祂的信实吗?如果我们这样做,我们大家就都显示出,我们赞同彼得所说的:*我们的神已赐给我们又宝贵又极大的应许。*

十二、神成就祂的应许

"耶和华照着所应许的赐智慧给所罗门"

(王上5：12)

我不知道主如何将智慧赋予所罗门，但是，祂应许了要赐给他智慧，而且祂信守了诺言。你越多思考，就越会发现这件事实在令人惊叹。所罗门出生的环境对他获得智慧并非十分有利。大卫晚年得子，想来他很有可能是个被娇宠惯了的孩子。他在很年轻时，尚未按照自然规律为此做好准备就登上王位，他很有可能会捅大篓子和犯大错误。作为一个充满原始冲动且最终被其降服的人，他似乎更有可能成为一个堕落者，而不是一个哲学家。作为一个拥有巨额财富、无限权力和活在持续繁荣中的人，他几乎没有经历过人们获得智慧所需的艰难困苦。

他的老师们是谁？是谁教他变得睿智？他那深

陷愧恨的母亲或许教会了他许多健全的道德和宗教信仰，但她永远无法赋予他那非凡的智慧，使他超越众人，登上名望的顶峰。他既比别人懂得更多，因此他不可能从他们那里借鉴智慧。智者反倒要坐在他的脚边，他的名声吸引了来自天涯海角的朝拜者；这些人中没有一个人能够成为他的导师，因为他超越了他们所有人。这个人是如何达到智慧上绝对的卓尔不群，以至于他的名字成为古往今来智者的代名词？

如此伟大心智的诞生是一个非常神秘的过程。谁能赋予一个年轻人智慧？知识可以传授，智慧却不能。没有任何导师、师傅或宗教领袖能够赋予他人智慧。他们不得不付出巨大的努力才能获得一点点智慧，然而神却赋予所罗门宽广的心胸和无与伦比的智慧，"如同海沙不可测量"（王上 4：29），因为只有神才是无所不能者。藉着唯有祂自己知道的方式，主为这位年轻的国王培育出了洞察力、推理能力和审慎行事的能力，这种能力几乎——如果曾有过的话——是无可比拟的。我们常常钦佩所罗门的智慧。而我，更要邀请你们钦佩神的智慧，靠着祂，才造就了所罗门非凡的天才。

主之所以在所罗门身上行这奇事，是因为祂曾应许要这么做，祂必信守诺言。除了这节之外，圣经

十二、神成就祂的应许

中还有许多其他经文也同样适用于我的目的，因为我只想从中得出一个结论：不论神向任何一个人应许了什么，祂都必成就。无论是赐给所罗门的智慧，还是赐给你的恩典，只要主已应许，祂就绝不让它落空。这件关乎所罗门的事例是非同一般的，这件事不仅完全超越了人力所及，而且周围环境也极其不利，但是这位神，祂信守了祂的诺言；同一位神，也必将在其他事情上成就祂的应许，无论实现应许会看起来是多么艰难和神秘。神总是会一字不差地信守祂的诺言，而且祂通常会超越在字面上似乎看起来的意思。

在这件事上，神不仅赐予所罗门智慧，祂也赐给他财富和在应许中未曾出现过的其他千万种恩赐。"你们要先求他的国和他的义，这些东西都要加给你们了"（太 6：33）。那位应许要赐下无限祝福者，也会附带加上日常所需，好像这些事都属微不足道、理所当然要赐予的一样。

从所罗门以及成千上万个类似的例子中，我们首先学到的是，神恩赐的基点在于，*照着所应许的*。

这样的例子在历史的书页上闪耀发光。主对我们堕落的先祖应许说，"女人的后裔要伤你（蛇）的头"（创 3：15）；看哪，那奇妙的女人后裔已经出现，为自己，也为我们，赢得了救赎的荣耀胜利！仅只这一个应许的实现，就让我们确信神将信守祂所有其他的应许。神应许挪亚进入方舟后的安全，他发现确实如此。把洪水前的世界毁灭了的无数惊涛怒浪，没有一个能冲进他的安全之所在。神对亚伯拉罕说，祂会赐给他后裔，并赐给他后裔所得的土地，这看起来几乎不可能；但亚伯拉罕信神，时候满足，他欢喜地见到以撒，并在他身上看到了应许的后嗣。

耶和华应许雅各，祂会与他同在，并赐福给他，祂信守了诺言，为了得救，雅各在雅博河畔与神角力，神赐给他拯救。神应许以色列后裔将拥有流奶与蜜之地，对这应许的回答迟延已久，似乎永远无法实现。以色列各个支派在埃及沦为奴仆，法老对他们施以铁腕，不肯放他们走。然而，神，为祂的子民承担一切，在应许拯救他们的那一天，用祂高举的手和伸开的膀臂，将他们拯救出来。祂也分开了红海的水，带领祂的百姓穿越旷野，因为祂曾向他们保证，祂必如此行。祂将约旦河分成两半，将迦南人从祂的百姓面前赶走，将那地赐给以色列人为业，正如祂所应许的。

主信实的历史浩瀚无边，我们无法尽述所有事例。神亲自的作为总是在适当的时候验证祂的话语。神按照祂的应许对待祂的子民。每当他们抓

十二、神成就祂的应许

住应许,并说"照祢所说的行",神就回应他们的恳求,并一再证实,信靠祂绝非徒然。纵观历史,信守祂的应许,直至一点一划,每时每刻,是神始终不变的法则。

"这都是些大话,"有人说。好吧,那我们就放松一些,随便聊聊。这是神应验祂对每个个人的应许的方式。我们自己就是活生生的见证,证明神不会忘记祂的话语。成千上万的人可以作证,我们信靠祂,而祂从未使我们失望过。我曾经是一个心碎的罪人,蜷缩在全能者愤怒的乌云之下,深感内疚和自责,我感到即使我被神从祂面前永远驱逐,对这判决的公正性我也无话可说。然而,我读到了祂的话:"我们若认自己的罪,神是信实的,是公义的,必要赦免我们的罪,洗净我们一切的不义"(约壹1:9),我便走向祂。虽然心怀战兢,我还是决心要试试祂的应许。我向主坦白我的过犯,祂赦免了我的罪孽。我不是在讲一个假大空的故事,因为在获得赦免的那一刻,我内心涌现出如此深沉而宁静的平安,仿佛我已开始新的生命——的确如此,我的新生命已经开始。

这事是这样发生的:某一个主日,我听到有人宣告那应许:"地极的人都当仰望我,就必得救"(赛45:22)。我无法理解,简单地望一望基督怎么能拯救我。这样一个似乎太过简单的动作,却能带来如此伟大的结果;但是,就在我准备要试试别的什么事时,我望了——我定睛看了一眼耶稣。

那就是我做了的全部。那也是我能够做的全部。我仰望那一位,祂被设立"为我们的罪做了挽回祭"(约壹2:2)。就在那一瞬间,我知道我已经与神和好了。我明白,如果耶稣替我受苦,那么我就不会再受苦。我明白,如果祂担当了我所有的罪,那么我就不再需要背负任何罪了。如果耶稣代替了我,并且承受了一切惩罚,那么我的罪孽必定已被涂抹。

想到这里,我的灵里涌现出一种甜蜜的平安,这是藉着我的主耶稣基督与神同在的平安。这应许是真实的,我发现它确实如此。这件事发生在大约三十六年前,但我从未失去在当时所找到的经历了全备救恩的感觉,也从未失去临到我灵里的那甜蜜的平安。从那时起,我从未枉然倚靠过神的任何应许。我曾身处险境,经历过巨大的需要,感受过剧烈的痛苦,也曾被无尽的忧虑压得喘不过气来;但主始终信守祂的每一句话,每当我信靠祂时,祂就带领我度过一切,从来没有一次失败过。我不得不称赞祂,我也的确如此行。对这事的真实性,我毫不犹豫,毫无保留地作出保证。

十二、神成就祂的应许

所有信徒的经历大同小异。我们因信靠那位赐下应许的神,开始了喜乐平安的新生命,并继续以同样的方式生活。一长串已应验的应许,涌现在我们美好的回忆中,唤醒我们的感恩,坚定我们的信心。我们年复一年地以各种方式测试神的信实,但结果总是一样。我们带着神赐予我们日常饮食、衣着、儿女和家园等日常生活所需之物的应许来到祂面前,主也以恩慈待我们。我们在疾病、诽谤、疑惑和试探面前转向祂,祂从未让我们失望。在小事上,祂都顾念我们。甚至我们的头发都被祂数过。当应许看似不太可能实现时,神却以惊人的准确实现了它。我们曾被人的虚伪击垮,但我们却因神的信实而欢欣,并将继续欢欣。想到耶和华,我们的神,以令人震惊的方式履行祂的恩典应许,我们不禁热泪盈眶。

至此,我们证明了那应许是美好的,
耶稣用血证实了这一点:
祂仍是恩慈、智慧和公义,
以色列仍要信靠祂。

— 陶德瑞(Philip Doddridge)[9]

---

[9] 陶德瑞(Philip Doddridge,1702–1751),英国不从国教的牧师,教育家和圣诗作者。

让我坦率地对所有信靠主的人说几句话。神的儿女们，你们的天父难道曾对你们不忠吗？你总是失败，但祂却永不失败，这难道不是你通常的经历吗？使徒保罗说得好："我们纵然失信，他仍是可信的，因为他不能背乎自己"（提后2：13）。即使我们从最广义的角度来解释神的话，也会发现主的应许至终完全应验。祂恩赐的法则宽广而慷慨。应许如同一个巨大的容器，主会将它充满，"连摇带按，上尖下流"（路6：38），直到满溢。正如主在所罗门身上照着所应许的赐给他一样，只要世界尚存，祂也会在每一件事上成就这一切。要相信这应许，并证明自己是这应许的后嗣。愿圣灵引导你，为主耶稣，如此行！

十三、无例外的规则

> "耶和华是应当称颂的!因为他照着一切所应许的赐平安给他的民以色列人,凡借他仆人摩西应许赐福的话,一句都没有落空。"(王上 8:56)

神照着祂的应许将诸般好处赐给我们。

这是事实,而非只是观点而已。我们如此宣告,并且向全世界发出挑战,看谁能拿出一个证据来证明这个说法不对。

在这一点上,我本人就有亲身见证。我自己有漫长的经历和广泛的观察,但我还从未遇见过有这么一个人,他信靠神却发现主的应许对他落空了。我见过许多人在生活中因信靠主的话语而经受了严峻的考验;我也见过许多濒临死亡的人,也因信靠主的话语而在死亡中得胜;但我从未见过一个信徒,因世间的苦难而对自己的盼望感到羞愧，也从未见过一个信徒在临终之际，对曾信靠主而感到懊悔。

我所见到的一切都指向了恰恰相反的方向，并证实了我的信念：主对所有依靠祂的人都是忠信的。如果被传唤，我准备在法庭上就此作证。我不会假装敬虔作幌子来撒谎，但我会以一个诚实证人的身份，毫无保留、毫不犹豫地就这一重要议题作证。我从未听说过有人在临终之际，会对自己信靠了救主而发出哀叹。不仅没有，而且，我也从未听说过在任何地方、在任何时间发生过这样的事情。如果真有这样的事发生，那些仇视福音的人一定会到处奔走，四处宣扬。每条街道都会听到这个丑恶的消息。每个传道人都会不得不与此对抗。我们会在每座教堂和小礼拜堂门口看到这类小册子，上面写着有这么一个人，他一生圣洁，信靠救赎主的德性，却在生命的最后时刻发现自己上当了，十字架的教义不过是虚幻。我们向反对者发出挑战，让他们去找这样的例子。富人或穷人、老人或年轻人，你们去找吧。哪怕是魔鬼自己，只要他能，让他见证永生神的任何一个应许或曾失败过。但从未有人说过，耶和华欺骗过祂百姓中的任何一人，也永远不会有人这么说；因为神信守祂说过的每一句话。

十三、无例外的规则

神绝不会自甘堕落以致说谎。单是这种想法本身就是亵渎。祂为什么要说谎？关于祂，有什么会使得祂违背祂的诺言？这有悖于祂的本性。祂是神，怎能不公义、不信实呢？因此，祂绝不能因为自己有任何不忠信从而违背祂的应许。

此外，神是无所不能的（omnipotent），祂的应许从不会到一个地步，以至祂力所不能及。我们常常想要按照自己的诺言行事，却发现自己被难以抗拒的环境所左右，以致我们因为做不到而使自己的承诺落空。全能的神绝不会如此，因为祂的能力是无限的——"在神凡事都能"（太19：26）。

我们的承诺或许有误，事后我们或许会发现，如照我们所说的去做将是错误的；但神是无谬（infallible）的，因此祂的话语绝不会因错误而撤回。无限的智慧已认可每一个应许；主的每句话都经过无误的判断，并由永恒的真理所证实。

应许也不会因神圣应许者的改变而落空。我们都会改变——我们是多么可怜、脆弱！但主，"在他并没有改变，也没有转动的影儿"（雅1：17）。因此，祂的话语永远不变。因为祂永不改变，祂的应许如同高山峻岭般坚立。"他说话岂不照着行呢？他发言岂不要成就呢？"（民23：19）。我们强大的安慰源自神不变的行事方式和品格。

神也不会因为忘记了祂的话语从而使祂的应许落空。有时，我们的舌头比我们的手快；因此，尽管我们愿意，却往往无法做到，因为其他事情分散了我们的注意力。我们或许会忘记或失去兴趣，但那位忠信的应许者绝不会如此。在祂心中，哪怕是祂最古老的应许依然新鲜如初，祂当初是怎么说的，现在仍然还是那样。因为在神，没有时间的尺度，因此祂事实上总在赐予应许。圣经中古老的应许是对信心的新应许，因为人活着，现在和过去一样不是单靠食物，"乃是靠耶和华口里所出的一切话"（申8∶3；太4∶4）。

正因如此，主的话语值得我们所有直接或间接的信心。我们也许会对人过度信任，但对神却永远不会过度信任。这是最确定之事，过去曾是如此，将来也必如此。相信祂的话语，就是相信无人可以质疑的真理。神曾说过吗？那就一定是这样。"天地要废去，我的话却不能废去"（太24∶35）。自然法则或许会暂时停止：火或许会停止燃烧，水或许会停止淹没，但这并不意味着神不信实；但若祂的话语落空，那就意味着神本体的品格和本质将发生耻辱的改变，而这绝不可能。让我们确信，神就是真实；在我们的心中，绝不允许对祂的真实性有任何，哪怕一丝一毫的疑惑。

十三、无例外的规则

永恒不变的应许之言，应是，也永远是，神恩赐的根基。请稍加思考，我再进一步说明：也就是说，面对应许，其他任何规则都无法与此相抵触。没有任何规律，无论是纸上的还是实际的，都无法与神应许的标准相冲突。

"种瓜得瓜，种豆得豆"，有时会被用来反对应许，但它却无能为力。"哦，"有人说，"我浑身上下无一是处，我不觉得神会或愿意救我。"你说得对，如果神要按照"罪有应得"的律来对待你，你的恐惧无法消除。但是，如果你相信神的儿子耶稣，那个律就不会起作用，因为主会照祂应许的律来对待你。这应许并非基于你的功德；它是白白赐下，也必白白地得保守。如果你问神如何能在你本不配的情况下来遇见你，让我提醒你，耶稣，祂来是为了拯救你脱离罪。主耶稣无限的功德都算在你的账上，你可怕的罪过也因此被一劳永逸地勾销了。如果你靠着你自己，功德律会判处你毁灭；但是信的人不在律法之下，乃在恩典之下。在恩典之下，伟大的主必照着在祂应许中所启示的纯全的恩慈来待我们。不要选择自以为义，否则公义必将定你的罪。要甘心接受救恩，这救恩是神主权的恩赐，祂说："我要怜悯谁就怜悯谁"（出 33：19；罗 9：15）。要谦卑地信靠神在基督耶稣里启示的恩典，如此，祂的应许必丰丰富富地成就在你身上。

主并不按我们道德能力的大小来对待我们。"哦，"寻求者会说，"我想如果我能让自己变得更好，变得更虔诚，或操练更大的信心，我或许会得救，但我没有力量。我无法相信。我无法悔改。我什么都做不好！"那么，要记住，仁慈的神并没有应许按照你服侍祂的能力来赐福给你，而是按照祂话语所宣告的丰盛恩典。如果祂的恩赐是根据你属灵的力量，你将一无所获，因为没有主，你什么也做不了。但是，既然这应许的保守是按照神无限的恩典，那就毫无疑问了。

你无需因不信而对应许心里起疑惑，只要思想，那位应许者，祂既应许就必成就。不要设想你的能力限制了祂的爱，从而给以色列的圣者设限。一条河流经沙漠，沙漠的干旱程度不能用来衡量河流的流量，两者之间没有逻辑上的对应关系。只要稍稍一瞥，就能知道，无法用人软弱的尺度去衡量无限之爱的宽广。不论世间一个凡人是否有力，全能恩典的运行都不会受其限制。神的大能必成就神的应许。

你的软弱无法击败神的应许，你的力量也无法成就应许。那位宣告这话语的，必亲自成就。保

十三、无例外的规则

守神的应许,并非你我的责任,那是祂的义务,而非我们的。可怜无助的人,在你那沉重的无能之车上安装上应许的火车头,你便会沿着本分和祝福的轨道前行!即使你如活死人一般,即使你的软弱多于力量,这都不会影响神成就应许的确定性。应许的力量在于那位赐下应许者。因此,把眼光从自己身上挪开,而要仰望神。如果你软弱,就安息在那位神圣应许者的怀抱中。如果你感觉自己已经死了,那就把自己埋葬在坟墓里,那里安放着应许的骸骨,一旦你触摸到它们,你就会复活,站起来(参王下13:21)。

问题不在乎我们能做什么或不能做什么,一切都取决于主能做什么。我们没有必要试图保守神的应许,只需履行自己一方的约定,那就已经足够了。既然我不希望有人只是因为与我隔着一条街住着一个无力偿还债务的乞丐,就质疑我在财务上面的可靠性;那么,只是因为我有充分的理由不信任自己,难道我就要怀疑神吗?我的能力与神的信实是两码事,将两者混为一谈实属可悲。我们切勿仅仅因为我们的臂膀变得软弱无力,就胡思乱想觉得祂的臂膀也无能为力,从而羞辱我们的神。

我们也不应该用我们的感受作为标准来衡量神。我们经常听到这样的借口:"我觉得我无法得救。我觉得像我这样的罪无法得到赦免。我觉得我那颗刚硬的心永远不可能被软化和更新。"这纯属愚蠢的言论。在这样的事情上，我们的感受能以什么方式引导我们呢？你觉得坟墓里的死人能复活吗？你难道能够感觉寒冬之后会是夏日炎炎吗？你怎么能感受到这些呢？你没有，但你相信。在这些事情上谈论感受是荒唐的。昏死过去的人会感觉到自己能复苏吗？这种状态的本质难道不就是让人联想到死亡吗？死尸会觉得自己会复活吗？感受根本不可能。

神按照祂所应许的赐予所罗门智慧。无论你的感受如何，祂也必将祂所应许的赐给你。如果你读过申命记，你会发现摩西多么频繁地使用"照祂所应许"这个表达。他说："照他所应许你们的话赐福于你们。"（申1∶11）。摩西无法向以色列人发出更大的祝福。这位圣人始终如一地赞美耶和华的作为，因为这一切都正如祂所应许的。我们的情况也是同样，耶和华作为的标准也将是*如祂所应许的*。我们经历神的恩典，不是"如我们现在所感受"，而是*如祂所应许的*。

我为了安慰别人而写下这些话，我感到自己也有必要坦承，我个人的感受常常变化，但我已经学会了不去在意它们，无论这感受是变好还是变坏。最

十三、无例外的规则

重要的是，我已经不再试图根据自己的心境来衡量应许的真实性。今天，我感到无比喜悦，甚至可以随着米利暗的鼓声翩翩起舞；但或许明天早晨醒来，我只能随着耶利米的哀歌叹息。我的救恩是否因为这些感受而改变了？如果是这样，那么它的基础必定非常不可靠。感受比风更易变，比泡沫更虚幻。难道这些就应该成为衡量神可靠性的标准吗？

心境往往取决于肝脏或胃部的状态。我们能以此来评判主吗？当然不能。气压计的状态可能会让我们的情绪起伏不定；我们能依赖如此变化无常的事物吗？神永恒的爱不依靠我们的情感。如果是那样，那就好像在波浪上建造一座圣殿。我们得救是本乎事实，而不在乎玄想。一定的永恒的真理证明我们得救或失丧，而这些真理不会受到我们兴奋或沮丧的影响。不要把你的感觉当作判断主真实性的试金石！这种行为是疯狂和邪恶的混合体。如果主已经说了，祂就决不食言，无论你是洋洋得意还是垂头丧气。

再说了，神的恩赐不是按照可能性的概率。我的朋友，尽管看上去你能获得创造天地之主的祝福的可能性十分渺茫；但如果你信靠主，你必蒙恩惠，如同那位蒙福的童贞女一样，经上说，万代要称她有福（参路1：48）。经上记着说："这相信的女子是有福的！因为主对她所说的话都要应验"（路1：45）。"万军之耶和华啊，倚靠你的人便为有福"（诗84：12）。

一个深陷罪孽之中的老罪人，竟然会立即通过相信耶稣开始新生命，这似乎难以置信，但事实却就是如此。一个活在罪中的女人，听到"信的人有永生"（约6：47）这句话，立即抓住它，并立即获得永生，这似乎非常不可能；但这是真的，而且这是我亲眼目睹了的。

我们的神是大行奇事的神。对我们来说，难以置信，甚至不可能的事，在祂眼中却习以为常。尽管骆驼体大且有高高的驼峰，祂却能够使它们穿过针眼。祂称不存在的就如同已存在的一样。对你会得救这个主意，你是否会一笑置之？愿你发出的笑声，不是撒莱发出的不信的笑声，而是像亚伯拉罕那般充满喜乐的期盼。信靠耶稣，你便会从心底发出欢笑，这并非出于不信，而是完全出于另一个原因。我们认识了神，我们不会停止惊叹，而是开始对神迹奇事不会感到意外。相信神恩典的应许，并相信，你将生活在一个新世界，这个世界对你来说将永远满是奇妙。对神拥有如此的信心，以至于能够确信并期待那些在人看来几乎不可

十三、无例外的规则

能发生的事情,这是何等蒙福!"在神凡事都能"(太 19:26)。所以,祂能够拯救每一个相信耶稣的灵魂。万有引力定律在所有情况下都适用,神信实的律也是如此。

神必守约,这条法则毫无例外。极端情况、艰难情况,甚至不可能的情况,都包含在主圣言的范围之内,因此,人都不必绝望,或甚至疑惑。人的尽头,就是神的机会。情况越糟糕,主的帮助就越确定。哦,愿你信靠主,将一切交在祂手中,并以此荣耀祂!

还要多久人才会信靠他们的神呢?"你这小信的人哪,为什么疑惑呢?"(太 14:31)。但愿我们能下定决心,永不再怀疑那位信实的主!

"神是真实的,人都是虚谎的"(罗 3:4)。主自己也说:"耶和华的膀臂岂是缩短了吗?现在要看我的话向你应验不应验"(民 11:23)。愿主不要在愤怒中对我们说这样的话,惟愿我们相信并确信主的庄严宣告必定会成就。不要再彼此询问:"真理是什么?"要知道主无谬误的话语是确定且永远长存。

这里是一个应许,你可以以此开始。试试看,看它是否真实:"在患难之日求告我,我必搭救你,你也要荣耀我"(诗 50:15)。

十四、获取应许

"我是耶和华你祖亚伯拉罕的神,也是以撒的神,我要将你现在所躺卧之地赐给你和你的后裔"(创 28:13)

怯懦的人发现,要抓住神对他们自己的应许难上加难。他们担心抓住如此美好和珍贵之事会显得高傲自大。一般来说,我们会认为,如果我们凭信心抓住一个应许,那么这个应许就是我们的。那位赐给我们钥匙,能打开祂的门锁者,其意本是希望我们打开门进去。谦卑地信靠神绝不会是高傲自大;而胆敢质疑祂的话语,则可能真是带有很大的恣意妄为。我们不太可能因为过度相信应许而犯错。我们的失败在于缺乏信心,而不是信心过大。过度相信神者寥寥无几,过少相信神者却司空见惯。"照着你们的信,给你们成全吧"(太 9:29),这是主永不收回的祝福。"你若能信,在信的人,凡事都能"(可9:23)。经上记着说,"他们不能进入安息是因为不信的缘故了"(来3:19)。但圣经从未说过,凭着信心进去的人会因他的高傲自大而受到训诫,然后被赶出去。

根据本章题头的经文,雅各躺在应许之地上睡去,就得着了这地。把你身体的全部重量都放在应许之地上,然后享受甜美的安息,没有什么比这更可靠了。"我要将你现在所躺卧之地赐给你和你的后裔。"

我常常发现,我若接受应许为真理并按着它付诸实践,它对我自己而言就是真实的!我舒展地躺在应许上,如同躺在榻上,将自己交托在主的手中;然后,甜蜜的安息笼罩着我的心灵。对神的信心会使它实现自己的愿望。主对那些在祷告中寻求恩惠的人的应许好像是说:"只要信是得着的,就必得着"(可11:24)。这听起来很奇怪,但却是真的;这是根据信心的哲学。凭着一个正在实现的信心说:"这是给我的应许",它立刻就属于你了。我们凭着信心得到应许,而不是凭着眼见和感觉。

神的应许不会被封闭起来,作为这个或那个基督徒的私有财产,而是所有居住在神圣信仰社区中的人们的公共领地。无疑,有些人只要他们能够,甚

十四、获取应许

至想拥有星辰,并将日月变为他们的私有财产。虽然这类贪婪或许会使神的应许受限,但这却不可能做到。守财奴们非常想要把神的应许据为己有,但那种愿望就如同想要把歌唱的鸟儿们圈起来,并宣称百灵鸟和画眉的歌声是唯独属于他们自己的产业一样。不,即使是最优秀的圣徒,即使他们想要这么做,也无力将施恩之神所说的哪怕一个词锁起来。因为,这应许,不仅"是给你们和你们的儿女",也是给"一切在远方的人,就是主我们神所召来的"(徒2:39)。这是何等大的安慰!让我们本着我们共同的权利,凭着信心拥有主藉着盐约[10]赐予我们的一切。

对雅各所说的话,也同等地属于所有信徒。先知何西阿论到雅各说:"与天使较力,并且得胜,哭泣恳求。在伯特利遇见耶和华,耶和华万军之神在那里晓谕我们以色列人"(何12:4)。同样,主耶和华与族长说话时,祂也与我们说话。神在红海所显的奇事,是为祂所有的子民而行的,因为我们读到:"我们在那里因他欢喜"(诗66:6)。诚然,我们当时不在那里,但以色列胜利的喜乐也属于我们。使徒引用耶和华对约书亚所说的话,仿佛这话

10　盐约,*a covenant of salt*,见历代志下十三章5节,按和合本注:"盐"即"不废坏"的意思。

是神对每一个属祂的儿女说的："主曾说：'我总不撇下你，也不丢弃你。'"（来13：5）。主的话语不会因为起初之情况已经过去了就结束，祂的祝福也不会在最初赐予祝福的人身上耗尽。所有的应许都是给那些众信徒的，他们有足够信心去拥抱它们并在施恩宝座前切切恳求。神如何对待那一位信靠祂的人，祂也会根据每个人的境遇和需要，以同样的方式对待他们。

圣经在说出恩典的话语时，它的眼目注视着我们每一个人。约翰·米勒（John Miller），1817年牛津大学班普顿年度讲座的一位讲员，说得好："我们，我们自己，以及像我们这样的人，正是圣经所论及的人，圣经对我们，作为人，以各种劝诫的形式，发出屈尊俯就却又属天的呼吁。值得察验的要点是，要注意到，虽然我们把圣经呈现为一部描述性和区域性的书，然而它却拥有极强的适应性的力量，它的眼睛，如同肖像画一般，始终如一地定睛在我们身上，不论我们想要转向何方。"

> 神圣言之眼！无论我们转向何处，
> 始终注视着我们！你敏锐的目光
> 能洞悉一切罪恶的深渊，
> 解开每个人心中的迷宫。

十四、获取应许

"这话是什么？祢从何处认识我？"
所有惊奇都在谦卑的心底呼喊，
聆听你那深邃的奥秘，
传授关于它本身的知识。

选自"圣·巴塞洛缪"，作者：
John Keble[11]

对于上千代信徒而言，圣经针对他们每个个人的这种独特的个性，是它最大的魅力之一，也是它是神启示的最确凿证据之一。我们不要把圣经视为古老的年鉴，而应将其视为当代的书籍——崭新、清新、适应当下。在这古老的文字中，永不改变的甜美存活在毫不衰减的清新中，这是我们的先辈们在他们那个时代每日的灵粮。荣耀归于神，我们仍在享用它们；假如我们没有，那么我们应该有；如果我们没有，这也只能怪我们自己！

亚伯拉罕的井为以撒、雅各，以及千代人所用。来吧，让我们放下桶，欢欢喜喜地从占老的救恩井中汲水。这井是远古时代我们祖先信靠耶和华时所挖的，祂拯救了他们！我们不必担心自己会太天真或过于轻信。耶和华的应许是给所有相信

---

[11] 约翰·基布尔（John Keble, 1792-1866），英国国教牧师和诗人，曾是牛津运动的领袖之一。

的人的;信心本身就是信靠的凭据。如果你能信靠,你就可以信靠。虽然已经数百次被应验,应许的话语如今仍然屹立,等待进一步的证实。我们时常弯下腰,在草场上的泉源边,啜饮一口清凉的水。这水依然丰盈长流,我们今天可以像第一次弯下腰喝水一样,满怀信心地享用。人们不会一遍又一遍地信守同一个诺言;对他们抱有这样的期望是不合理的。他们是蓄水池,但主啊,祢却是泉源!我所有的清泉都在祢里面。

来吧,效仿雅各!他躺在某个地方,拿起那地方的石头当枕头,你也要照样做。这里有整本圣经,可以当作沙发床,这里有一些应许,可以作枕头;放下你的重担,也放下你自己,安息吧。看哪,从今以后,这圣经和其中的应许都属于你了:*你现在所躺卧之地,我要赐给你。*

十五、认可应许

"我信神他怎样对我说,事情也要怎样成就"(徒27:25)

保罗接受了一个特殊的应许,他公开地确认他对这个应许的信心。他相信神会应验那应许的每一个细节。他以此表明他相信神为真。对于那些适合于我们情况的主的话语,我们每个人都有义务这么做。这就是本章标题——"认可应许"的意思。

也许某位朋友给了我一张捐赠给孤儿院的支票,上面写着:"兹付给司布真先生10美元。"他和他的银行都有很好的信誉,但是除非我在支票背面签上自己的名字,我从他的善意那里什么都得不到。这是一个非常简单的动作。我只需签上自己的名字,银行就会付钱给我;但没有我的签名,这件事就行不通[12]。

---

[12] 本章标题的英文原文是"Endorsing the Promise",这里"Endorse",这个词原意就是一个商业用语,指在支票背面签名,即背书;延申的意思就是签署,保证,担保,承认,赞同等。

照着应许

有许多比我的名字更尊贵的名字，但没有一个可以代替我本人的签名。哪怕我写上总统的名字，那对我也毫无帮助。即使财政部长在这张支票背面上签字，也毫无用处。我必须签上我自己的名字。同样，每个人都必须亲自按照自己的信心接受、采纳和认可神的应许，否则他将不会从中获得任何益处。

即便你写出一首可与约翰·弥尔顿[13]媲美的长诗来赞美这家银行，或者用比丁尼生[14]的诗句更美的辞句来赞美这位慷慨的孤儿院施主，也于事无补。哪怕是人和天使最优美的语言都无关紧要。在这里，只有收款人亲笔签名才是绝对必要。艺术家可以在支票背面画得龙飞凤舞，那一点儿用处都没有。唯一的要求很简单，就是本人签上自己的姓名，任何别的都不能替代，也不被接受。我们每个人都必须亲自相信这应许，并宣称我们知道它是真实的，否则它不会给我们带来任何祝福。任何善行、任何仪式或任何热情洋溢的情感都无法取代一份简单的信心。"人非有信就不能得神的喜悦，因为到神面前来的人必须信有神，

13　约翰·弥尔顿（John Milton，1608-1674）英国清教徒诗人，代表作品有长诗《失乐园》、《复乐园》和《力士参孙》。
14　丁尼生（Lord Alfred Tennyson，1809-1892），维多利亚时期代表诗人。

十五、认可应许

且信他赏赐那寻求他的人"（来 11：6）。有些事可以这样，也可以那样，但这件事却必须如此。

这应许或许是这么说的："我应许凡信我的罪人，我就支付给他永生的福分。"罪人必须在支票背面写上他的名字，除此之外别无要求。他相信这应许，带着这应许来到施恩宝座前，盼望得到这应许答应给他的怜悯。他将得到这怜悯；他将不得不这么做。经上记着说："信子的人有永生"（约 3：36）；这就是了。

保罗相信和他同船的每个人都会逃过这灾难，因为神已经应许了。他相信这应许足以保证这一事实，于是他照着行了。他在暴风雨中保持冷静。他给同伴们提供了明智而合理的建议，告诉他们该如何停止禁食。总的来说，他处理事情的方式，就像一个确信自己能平安逃脱风暴的人那样。因此，他对待神，正如神应得的那样——带着毫无疑问的信心。正直的人喜欢被信任；如果他看到自己被怀疑，他会感到难过。我们忠信的神十分在乎祂的荣耀，不能容忍人们把祂当作虚假。不信比任何其他罪都更能激怒主。它触摸了祂眼中的瞳仁，刺痛祂的心。我们千万不要对我们的天父犯下如此臭名昭著的错误；让我们完全、无条件地相信祂，毫无保留地、全心全意地信赖祂的话。

保罗公开宣告他对这应许的信心。我们最好要效仿他。当今的时代，迫切需要勇敢而坦率地见证神的真理，这见证会被证明非常有价值。到处弥漫着怀疑的气氛，事实上，真正并在实际行动上相信的人屈指可数。像乔治·穆勒（George Müller）[15]这样的人，他相信神会照顾两千名儿童，实属罕见。"子来的时候，遇得见世上有信德吗？"（路18：8）。因此，让我们大声疾呼。不信使我们受挫。不要让任何人灰心丧志，而要用实际经验和坚定不移的见证这机弦和石子来迎战这巨人（参撒上17）。神信守祂的应许，我们知道。我们将认可祂的每一个应许。是的——如果需要，我们愿意用我们的鲜血来为此作见证！主的圣言永远长存，我们，乃至所有以祂的名被呼召的人，都是对此无畏的见证人。

---

15 乔治·慕勒（George Müller，1805-1898），19世纪英国普利茅斯弟兄会运动的领袖之一，在布里斯托开办孤儿院，一生照顾的孤儿总数超过1万人。

十六、神的供应

"唯独敬虔,凡事都有益处,因有今生和来生的应许。"(提前4:8)

某种矫揉造作的因素阻碍了一些基督徒将信仰视为日常生活的一部分。对他们来说,信仰神秘而虚无,与其说是真理和事实,倒不如说更像是一部宗教小说。他们好像信神,那只是关乎宗教和来世;但他们完全忘记了,真正的敬虔不仅有对来世的应许,更有对今生的应许。对他们来说,为了日常生活茶米油盐的琐事祈祷几乎是亵渎神明。如果我试图向他们建议,这应该让他们质疑他们信心的真实性,他们或许会大吃一惊。如果信心不能帮助他们解决生活中的小麻烦,它又怎能在更大的死亡考验中帮助他们呢?如果它不能帮助他们解决温饱问题,又怎能帮助他们获得不朽的灵魂呢?

照着应许

在亚伯拉罕的一生中，我们看到他的信心与他在世上行走天路的所有事件息息相关。这联系到他从一个国家迁往另一个国家，他的侄子离开他的营地，与入侵者抗争，特别是那个等待了很长时间的应许之子的诞生，等等。在这位族长的生活中，没有任何一个方面是与他对神的信心无关的。在快接近他生命的终点时，经上说，"向来在一切事上耶和华都赐福给他"（创 24：1），那包括了物质的和属灵的一切。至于雅各，耶和华应许给他食物吃，给他衣服穿，并应许带他平安地回到他父亲的家。所有这些都具有暂时和世俗的特征。

无疑，这些早期信徒并没有拿着圣约祝福的礼物逃之夭夭，或者把相信神看作一件轻易和神秘之事。令人震惊的是，在他们的生活中并没有所谓圣俗之分。他们行走如天路客，争战如十字军，吃喝如圣徒，活得像祭司，讲话像先知。他们的生活就是他们的信仰，他们的信仰就是他们的生命。他们信靠神，不仅仅是在某些非常重要的事情上，而是在所有的事情上。这就是为什么，甚至他们家中一个仆人奉差遣出去做事时，也会祷告说："耶和华我主人亚伯拉罕的神啊，愿你叫我所行的道路通达"（创 24：42）。这才是真正

十六、神的供应

的信心,我们应该效仿,而不应再让应许的实体和信心的生命如感伤和幻想的一缕青烟般散去。如果信靠神对任何一件事有益,那么在应许范围内,它就对一切的事都有益,而且可以肯定的是,现世的生命也在这个范围内。

察验并实际运用神的这些话语:

> 你们要侍奉耶和华你们的神,他必赐福于你的粮与你的水,也必从你们中间除去疾病。(出 23:25)

> 你当倚靠耶和华而行善,住在地上,以他的信实为粮。(诗 37:3)

> 他必救你脱离捕鸟人的网罗和毒害的瘟疫。他必用自己的翎毛遮蔽你,你要投靠在他的翅膀底下,他的诚实是大小的盾牌。你必不怕黑夜的惊骇,或是白日飞的箭;也不怕黑夜行的瘟疫,或是午间灭人的毒病。虽有千人仆倒在你旁边,万人仆倒在你右边,这灾却不得临近你。(诗 91:3~7)

你六次遭难，他必救你，就是七次，灾祸也无法害你。（伯5：19）

行事公义，说话正直，憎恶欺压的财利，摆手不受贿赂，塞耳不听流血的话，闭眼不看邪恶事的，他必居高处，他的保障是磐石的坚垒，他的粮必不缺乏，他的水必不断绝。（赛33：15~16）

因为耶和华神是日头，是盾牌，要赐下恩惠和荣耀，他未尝留下一样好处，不给那些行动正直的。（诗84：11）

"凡为攻击你造成的器械，必不利用；凡在审判时兴起用舌攻击你的，你必定他为有罪。这是耶和华仆人的产业，是他们从我所得的义。"这是耶和华说的。（赛54：17）

我们的救主有意用信心来安静我们的心，不为日常所需而忧虑，否则祂就不会说："所以我告诉你们，不要为生命忧虑吃什么喝什么，为身体忧虑穿什么。生命不胜于饮食吗？身体不胜于衣裳

十六、神的供应

吗?你们看那天上的飞鸟,也不种也不收,也不积蓄在仓里,你们的天父尚且养活它,你们不比飞鸟贵重得多吗?"(太 6:25-26)。祂还这样说道:"你们不要求吃什么、喝什么,也不要挂心。这都是外邦人所求的。你们必须用这些东西,你们的父是知道的"(路 12:29～30)。祂的意思,不就是说,考虑到属世的事情,同样要操练信心吗?

保罗也是这个意思。他写道:"应当一无挂虑,只要凡事藉着祷告、祈求和感谢,将你们所要的告诉神。神所赐出人意外的平安,必在基督耶稣里保守你们的心怀意念"(腓 4:6～7)。

已经去到天上,为我们准备地方去的那一位,不会在我们前去的旅途中丢下我们不管。神不会为祂提供的天家重开谈判。神不仅建立了目标,也准备了道路,那是毫无疑问的。

我们世俗的需要和我们属灵的需要同样真实。我们可以肯定主必定供应。祂将通过应许、祷告和信心,将这些供给送达给我们,因而这些就成为教育我们的手段。通过旷野的经验,祂为我们预备迦南美地。

认为世俗之事对我们伟大的神来说太微不足道,忘记了祂察看燕子飞舞,也数算我们头上的头发。

此外,万有对祂其实都是微不足道,如果祂不在乎小事,那么祂什么事都不必在乎了。谁在把事情按大小和重量分开?一件小事也许就是历史的转折点。那个知道没有一件事对神是太微小的人有福了;因为,无疑,会令我们忧虑或让我们陷入危险之事没有一件是小事。

有一个人丢失了一把钥匙。他为此祷告,结果找到了。他谈到这件事时,是把它作为一个奇谭,但其实,这对神来说,算不上一回事。

我们中有些人凡事祷告,我们战战兢兢,唯恐忘记用神的话语和祷告使哪怕最微不足道的事分别为圣。使我们良心不安的,不是包括了那些琐事,而是忽略它们。我们确信,既然我们主吩咐祂的天使,要保守我们的脚不被路上的石头绊倒,那么祂已将我们生活的一切细节交托给上天的看顾之下,所以我们乐意将一切都交托给祂。

在当今这个时代,永不改变的奇迹之一就是,在基督里,我们虽经历各种试炼却仍保持着平安,并且藉着祂,我们在祷告中有力量从主获得今生和敬虔所需的一切。我在生活的经历中数百次地在世俗的需要上检验主,为着照顾孤儿和学生的需要而逼得我不得不祷告。祷告则许多次带来合适的供应并排除了严重的困难。我知道信心可以装满

十六、神的供应

钱包,提供一顿饭,改变一颗刚硬的心,为一栋建筑获得土地,医治疾病,平息叛逆,控制流行病。就像金钱在世人手中一样,信心在属神之人手中,"叫万事应心"(传 10:19)。天上、地上和地底下的一切,都回应祷告的命令。骗子不能模仿信心,伪君子也无法假装有信心,然而,只要信心是真实的而且能够牢牢抓住神的应许,它就是伟大的奇迹制造者。

我多么希望你们能够如此信靠神,以至在对此生的一切挂虑上都倚靠祂!这会引领你们进入一个新世界,并给你们带来对我们圣洁信仰之真理的确凿证据,以至你们会轻蔑地笑对那些怀疑论者。对神孩童般的信心会为真诚的心灵提供实用的智慧,我倾向于称之为分别为圣的常识。心智专一的信徒,虽然被嘲笑为傻瓜,却是一个具有来自天上的智慧的人,能够有效地挫败恶人的诡计。一个阴险的小人最感大惑不解的就是面对一个光明磊落、心怀坦荡、从里到外、彻头彻尾的信徒。

一个信靠神的人,"他必不怕凶恶的信息,他心坚定,倚靠耶和华"(诗 112:7)。这个信心以千百种方式使得人生变得更甜蜜,更宽广,更丰富。试一试,看它是否为你产生出无限量的满有祝福的财富!它不会不让你遇到麻烦,因为这应许是,"我将这些事告诉你们,是要叫你们在我里面有平安。在世上你们有苦难,但你们可以放心,我已经胜了世界"(约16:33)。它将使得你在苦难中得荣耀,"就是在患难中也是欢欢喜喜的。因为知道患难生忍耐,忍耐生老练,老练生盼望,盼望不至于羞耻,因为所赐给我们的圣灵将神的爱浇灌在我们心里"(罗5:3~5)。

> 我信不仅飞向天堂,
> 更在地上与神同行;
> 每日赐我一切,
> 只管来来往往。
>
> 应许谈及天上世界,
> 但不仅仅止于此境;
> 以爱供我衣食,
> 使我行走我路。
>
> 信靠恩主祂必供应,
> 林中飞鸟野花朵朵,
> 信心荣耀天父,
> 凡事相信盼望。
>
> - 作者不详

十七、查找应许

"你也应许将这福气赐给仆人。"

（撒下 7：28）

大卫王知道主曾应许要赐给他什么，在祷告中，他特别提到这美事。我们迫切需要比通常更加慎重、更加具体地祈求。我们凡事祷告祈求，其方式几乎等于什么都没祈求。知道自己需要什么，这当然很好。这就是为什么我们的主对瞎子说："要我为你做什么？"（可 10：51）。耶稣希望他意识到自己的需要，并对这些需要充满热切的渴望。这些都是祷告中宝贵的成分。

意识到自己的需要之后，下一步就是找到主应许我们的这特别的祝福，因为这样我们就能满怀信心地来到神面前，寻求祂话语的应验。为此，我们应该殷勤地查考圣经，多留意其他信徒与我们类似的情况，并努力找到那句特别适合我们目前的处境的神恩典话语。应许越与我们的具体情况相符，我们得到的安慰就越大。

在这所学校里（指牧师学院），信徒将学习全然默示（或逐字默示，verbal inspiration）的价值——圣经中的每个字词都是神有意为之并出于圣灵的默示。在你自己的情况下，你可能需要思考像名词的单、复数这样似乎微不足道的问题，就像保罗在引用对亚伯拉罕的应许时所做的那样。保罗解释说："所应许的原是向亚伯拉罕和他子孙说的，神并不是说'众子孙'，指着许多人；乃是说'你那一个子孙'，指着一个人，就是基督"（加3：16）。

我们可以确信，在神所默示的圣经的篇章中，必有一项合适的应许。神无限的智慧，体现在祂赐给我们的启示，能够适用于祂子民千差万别的境况。任何试炼，无论它多么不寻常，祂都不会忽视。就像地面上的每一种活物都有特别适合它的食物，神的圣言也为神的每一个儿女提供了恰当的帮助。如果我们找不到一个相关的应许，那是因为我们没有寻找它，或者即使找到了，却没有领悟它的全部意义。

在此，用一个简单的对比或许有用。你丢失了一个旧箱子的钥匙，试遍了你能够找到的所有的

十七、查找应许

钥匙后,别无选择,只能请锁匠来帮忙。锁匠带来了一大串钥匙,各种型号、各种尺寸。在你看来,它们就像一堆生锈的工具。他看了看锁,然后试了一把又一把。但他还没能打开,而你的宝贝仍然遥不可及。好了,他找到了一把或许合适的钥匙。它几乎能碰到锁簧,却仍没完全打开。显然,他现在对了路子。箱子终于打开了,因为找到了正确的钥匙。

这个例子正确地表现了许多困难。你不能领悟那个难处,以至可以妥善处理它,也就无法达至一个高兴的结果。你祷告,却在祷告中没有你渴望的自由。你需要得到一个明确的应许。你尝试了一句又一句神默示的话语,但它们都不合适。你很苦恼,你有理由怀疑,这些话语并不完全适用于当前的情况,于是它们被搁置于这老旧的书里面,留待日后使用,因为对当前的紧急情况,它们都不合宜。你再次尝试,在适当的时候,一个应许出现了,它似乎是为这个情形而设的。它恰好合适,就像一把打造好的钥匙恰好能打开它最初为之而造的锁孔一样。找到了恰好适用的永生神的话语,你便急忙在施恩宝座前恳求,说道:"哦,我的主,你已应许仆人这美好的事,求你应允!"事情就此了结。忧愁化为喜乐。你的祷告蒙垂听。

照着应许

圣灵常常将主的话语，以生命和能力，带入我们的记忆，否则我们或许早已遗忘。祂也会赋予那些我们熟记的经文新的亮光，从而揭示出我们几乎未曾察觉的丰富。我知道一些情形，某些经文曾看起来十分费解，而那些头脑中深深铭记这些经文的人，也一度几乎无法理解其含义。多年来，有这么一位，他的心灵因这句话："他必安然居住，他的后裔必承受地土"（诗 25：13）而深得安慰。这段经文几乎从未离开他的心头；事实上，它似乎永远在他耳边喃喃低语。但是发生了一件事，就揭示了这个应许与他的经历之间的特殊关系。还有一次，一位神的儿子，因多年的困苦和一事无成而悲痛不已，但那句很少被引用的经文——"那些年所吃的，我要补还你们"（珥 2：25）——却立刻给他带来了喜乐和平安。大卫饱受诽谤和恶意的痛苦经历，导致神给他安慰的应许，那些孤独和心碎的基督徒在"忍受戏弄、鞭打、捆锁、监禁、各等的磨炼"（来 11：36）时，曾千百次地引用它。

我们确信，在现今这个时代终结之前，圣经的每一句话都将通过这位或那位圣徒的生命被显示出来。或许，一些晦涩难懂、很难明白的应许或许是为某个圣徒特别写下的，仍在等待着他的来

十七、查找应许

到。也许我们可以这么说,在那串钥匙中还有一把生了锈的钥匙尚未找到它的锁,但在教会历史结束之前,它定会找到。我们大可不必怀疑。

那能够除去我们眼前的不安的主的话语或许就在手边,然而我们却可能浑然不知。约翰·班扬以其非凡的人生阅历,在其著作《天路历程》中,描述了被关在疑惑寨地牢中的囚徒(基督徒)如何在他怀里找到一把叫做"应许"的钥匙,这把钥匙打开了那座阴暗牢房的每一扇门。我们常常身处阴郁的牢狱,尽管获得完全自由的途径唾手可得。如果我们睁开眼睛,就会像夏甲一样,看到近在咫尺的一口水井,并纳闷自己为何会想到也许要渴死(参创21:19)。

哦,正在受试探的弟兄啊,此刻,主的话语正在等着你!正如吗哪清晨降下,预备好,让以色列人一起床就能捡拾(参出16章),主的应许也在等候你的到来。"牛和肥畜已经宰了,各样都齐备,请你们来赴席。"(太22:4)。"满山有火车火马",预备好要拯救你(王下6:15-17)。主的先知能看到他们,如果你把眼睛睁开,你也能看到他们。就像撒玛利亚城门口的麻风病人一样,你坐在那里等死,真是愚昧(参王下7:3~4)。兴起吧,因为丰盛的恩慈已经倾注在我们身边,"超过我们所求所想的"(弗3：20)。唯有"我们已经相信的人得以进入那安息"(来4：3)。

凡贫穷、患病、软弱和流浪的人，有着鼓舞人心的话语，只有他们才能享受。对于堕落、灰心、绝望和辗转病榻的人，有针对他们的特定疾病的治疗方法。寡妇和孤儿有为他们的应许，同样，被俘者、旅人、遇难的水手、老年人和濒临死亡的人也有。没有一个游荡的人，身后没有应许跟随。应许环绕着信徒，就如空气环绕着地球一样。我几乎可以称它为无所不在（omnipresent），我可以这么说到它："你在我前后环绕我，按手在我身上。这样的知识奇妙，是我不能测的；至高，是我不能及的。我往哪里去躲避你的灵？我往哪里逃躲避你的面？"（诗139：5-7）。

无论黑暗有多深，都无法将我们与应许之约隔绝；相反，在应许之约面前，黑夜明亮如同白昼。因此，让我们鼓起勇气，凭着"信心和忍耐"，在流放之地等候，直到我们被带回家的那一天。到那时，我们就能像其他承受救恩的人一样，"承受应许"（来6：12）。

就我们自己而言，主耶稣基督所拣选和救赎之人与祂所立的特定圣约的约定，是完全无条件的；但主其他讲过很多次的话，却包含一些必须

十七、查找应许

仔细考量的条件,否则我们将无法获得具体的祝福。你勤奋寻求的某些部分,必须指向这最关键的一点。神会信守祂对你的应许,但务必要仔细考察其中的措辞和任何相关的条件。只有当我们履行了有条件的应许的要求时,我们才能期待这个应许会应验。

祂曾说过:"当信主耶稣,你和你一家都必得救"(徒16:31)。如果你相信主耶稣基督,你就必得救;无疑,你必须相信。同样,如果应许是关乎到祷告、圣洁、研读圣经、住在基督里,或其他任何事,你就要全心全意地按照神所吩咐的去做,这样,祝福就必临到你。有时,巨大的祝福未能应验,是因为忽略了已知的责任。

如果"罪就伏在门前",应许就无法进入(创4:7)。即使是未知的责任,也可能给我们带来些许责打(参路12:48),几下鞭打也可能极大地损害我们的幸福。让我们努力在凡事上都明白主的旨意,然后毫不犹豫地遵行。这无关乎我们自己的意欲之路,而是关乎神的智慧路径,我们读到:"她的道是安乐,她的路全是平安"(箴3:17)。

不要因为应许有附加条件而低估了应许的恩典。一般来讲,正因如此,它的价值才更加倍了。条件本身就是另一种祝福，主特意将它与你所愿望的紧密连在一起，以至你本来只寻求一个恩惠，却能得到双重。此外，请记住，只有那些没有承受应许的人，才会为因这条件而感到痛苦。对他们来说，这就像荆棘篱笆，阻碍他们获得他们无权享有的安慰；但对你来说，这并非痛苦，而是愉悦，因此它不会成为你获得祝福的阻碍。那些对埃及人而言是乌云和黑暗的要求，在对着以色列人的一面却是光明，在黑夜里照亮他们（出14：20）。对我们来说，主的轭是轻省的，负起它，我们的心灵得安息（太11：28～30）。所以，你们务要留意这应许的字句。遵行这应许的一切诫命，这样，一切美事就必临到你们。

如果你相信主耶稣，所有的应许都属于你，今天就包括其中，以及在你人生中你现在的所在。因此，务要查考圣经，找到你此刻的福分。主在祂的圣书中赐下的所有应许中，祂曾说："你们要查考、宣读耶和华的书，这都无一缺少，无一没有伴偶。因为我的口已经吩咐，他的灵将他们聚集"（赛34：16）。因此，信靠，不要怕。无论其他别的什么可能失败，神的应许永远不会失败。积攒在这银行里的财宝绝无危险。"投靠耶

十七、查找应许

和华,强似倚赖王子"(诗 118:9)。每当我们纪念神的信实和恩典,就让我们放声歌唱:

> 讲救主奇异能力,宣扬祂的信实;
> 歌颂祂的甜美应许,恩典慈爱真理。
>
> 祂言一出即带能力,安定诸天大地;
> 群星在天闪耀不息,述说祂的应许。
>
> 天上传来奇异歌声,微声说"你属我!"
> 我心发出纯美歌声,高声颂主宏恩。
>
> -圣诗《我口发出,天韵歌声》[16]

---

[16] 原注:选自圣诗:"Begin, My Tongue, Some Heav'nly Theme,",作者 Isaac Watts(以撒·华兹,1674-1748)。

十八、应许有定时

"及至神应许亚伯拉罕的日期将到。"
(徒 7:17)

托马斯·布鲁克斯[17]提醒我们,神的怜悯并非神速,而是可靠:"应许大卫那可靠的恩典"(赛55:3)。主行事从来不会匆匆忙忙。甚至有时看起来祂恩典的战车似乎迟迟不来。听到圣徒呼喊"耶和华啊,……要到几时呢?"(哈1:2;诗13:1~2),这绝非罕见。经上记着说,"耶和华的荣光必做你的后盾"(赛58:8)。虽然后卫队会在最后面,但它终将到来。神有时或许会让我们等待,但最终我们会看到,祂无疑将是祂百姓之救恩的阿拉法和俄梅戛(即:始与终)。让我们永远不要心存疑惑。尽管答案来得迟延,但我们仍需等候。它必定会来到。"因为这默示有一

---
17 托马斯·布鲁克斯(Thomas Brooks,1608-1680),著名清教徒传道人,牧师,神学家。

定的日期,快要应验,并不虚谎。虽然迟延,还要等候,因为必然临到,不再迟延"(哈2:3)。

曾经有一艘船从伦敦港起航,船主将其命名为"斯威夫特-舒尔号(Swift-sure)",因为他希望这艘船既安全又快速。的确,这才是对主的恩慈恰当的称呼。它既迅速(swift)又可靠(sure)。在上述托马斯·布鲁克斯引用的经文中,大卫可能没有这样说,但他在其他经文中经常或甚至更多地这么说。他曾写道:"他坐着基路伯飞行,他藉着风的翅膀快飞"(诗18:10)。

主垂听祂子民的呼求并不拖延。祂眷顾锡安有定时,而那预定的时刻来临时,祂必不迟延。

应许应验的日期是应许的重要组成部分。事实上,它与应许的本质有关。拖延偿还债务是不公平的,信守诺言的义务也具有同样的性质。主将不差片刻地履行祂仁慈的应许。

主耶和华曾警告要用洪水毁灭世界,但祂一再推迟直到最后一刻,等到挪亚等人进入了方舟;于是,"那一天,大渊的泉源都裂开了,天上的窗户也敞开了"(创7:11)。神曾宣告以色列人将要出离埃及,事就如此成了。"正满了四百三十年的那一天,耶和华的军队都从埃及地出来了"(出12:41)。根据但以理书,耶和华不

十八、应许有定时

仅数算了祂应许的年数,也数算了祂等待的周数(参但 9:2, 24-27)。至于那诸应许中最大的应许——差遣祂的儿子从天而降——主赐下这伟大的礼物并没有延误,"及至时候满足,神就差遣他的儿子,为女子所生"(加 4:4)。毫无疑问,我们的主神信守祂的应许片刻不差。

我们有需要时,我们或许会迫切地祈求主快来拯救我们,正如大卫在诗篇第七十篇中所恳求的:"神啊,求你快快搭救我!耶和华啊,求你速速帮助我!你是帮助我的,搭救我的,耶和华啊,求你不要耽延!"(诗 70:1, 5)。主甚至描述自己,按祂的意愿,祂会快快地履行祂恩慈的约定,祂说:"我耶和华要按定期速成这事"(赛 60:22)。然而,我们自己切不可这样祷告,仿佛我们心中存着一丝惧怕,以为主会或将要迟延,或为了加速祂的回应,祂需要我们的帮助。不。"主所应许的尚未成就,有人以为他是耽延,其实不是耽延"(彼后 3:9)。我们的神不轻易发怒,但祂施行恩典时,"他的话颁行最快"(诗 147:15)。有些时候,祂赐福祂子民的速度超越了时间和想象,例如,祂应验了那古老的宣告:"他们尚未求告,我就应允;正说话的时候,我就垂听"(赛 65:24)。

然而，对我们祷告的回应有时迟迟不来。正如农夫昨天播种，不会今天收割一样，我们也并非只要向祂恳求，就能立即从主那里得到。恩典之门的确敞开，但并非总是在我们第一次敲门时就打开。为什么呢？因为在旅途上走得越久，得到的怜悯也就越大。"天下万务都有定时"，"各按其时成为美好"（参传3章）。季节到了，果子便成熟，越合乎季节就越好。不合时宜的怜悯只是一半的怜悯；因此，主会保留它们，直到它们臻至完美。哪怕是天堂也会变得更加美好，因为除非它为我们预备好了，而我们也为它做好了准备，否则它不会属于我们。

爱主导着恩典的安排，当最佳时刻到来时，就会敲响钟声。神暂时的迟延，和迅速的回应一样，都是我们的祝福。我们不应因为主的时间尚未到来而怀疑祂。那样的话，就像被宠坏的孩子，他们此时此刻必须拥有某样东西，不然的话，他们就会觉得自己永远都得不到了。

一位正在等候中的神才是祂的正在等候中的百姓所信靠的真正对象。"耶和华必然等候，要施恩给你们"（赛30：18）。即使祂施恩的运作似乎停止，我们的愁苦加增，祂的怜悯也不会断绝。正因为祂对我们的爱如此浩瀚，以至祂用拖延回

十八、应许有定时

应对平安的应许来考验我们。我们在天上的父是如此,我们的主在地上也是如此:"耶稣素来爱马大和她妹子并拉撒路。听见拉撒路病了,就在所居之地仍住了两天"(约 11:5-6)。爱有时会合上神恩之手,不要恩宠流出,因为爱看到我们会从一段时间的试炼中获益。

或许,正是因为对我们的试炼尚未达成它的使命,所以应许的时刻就迟迟未到。管教必须达成其目的,否则就不会结束。谁会希望看到黄金在其渣滓尚未炼尽之前就被取出?哦,神所珍爱者啊,等待吧,直到你赢得至纯至净!这些宛若熔炉般的时刻是有益的。缩短这些黄金般的时光并非明智。应许的时刻与最能滋润心和灵的时刻相得益彰。

此外,我们或许没有显示出充分顺服神的旨意。忍耐尚未完成它完美的任务。断奶的过程也还没有完成。或许,我们仍然巴望得到的那些安舒却非主的意愿,祂希望我们不要老是长不大。亚伯拉罕在儿子以撒断奶时摆设了丰盛的筵席,或许我们的天父也会为我们如此行。骄傲的心啊,倒下吧!丢开你的偶像。抛弃你对世俗事物的喜爱,于是,应许的平安就会临到你。

也或许,有一项责任,它可能成为改变我们境况的转折点,然而我们尚未履行。"约伯为他的朋友祈祷,耶和华就使约伯从苦境转回"(伯42:10)。也许耶和华在给予我们个人慰藉的恩宠之前,祂会先要让我们对某位亲戚或某位朋友有用。我们的小兄弟若不与我们同在,我们就不得见约瑟的面(参创44:26)。神家中某些当做之事也许被忽略了,或者某些圣工可能被搁置,这些都可能会妨碍到应许。是这样吗?"神用温和的话安慰你,你以为太小吗?你有何隐秘之事吗?"(伯15:11)。也许神正在等待我们向祂允诺什么,或为祂做出值得注意的牺牲,然后祂才会想起祂的约。不要让神不得不发出抱怨,"你没有用银子为我买菖蒲(甘蔗)"(赛43:24)。相反,让我们接受祂的挑战:"万军之耶和华说:'你们要将当纳的十分之一全然送入仓库,使我家有粮,以此试试我,是否为你们敞开天上的窗户倾福于你们,甚至无处可容'"(玛3:10)。

神的应许的时机是如此及时,以至确保祂的荣耀在应许的应验中得到彰显,而当我们找不到任何再拖延的理由时,这对我们来说就已经足够了。我们或许有必要更加充分地认识到我们的需要,以及我们所渴望的祝福的巨大价值。太轻易得到的,或许不会被宝贵。或许我们那忘恩负义的心灵需

十八、应许有定时

要通过等待的教育来学会感恩。若不曾深深地叹息,或许就难以高声地歌唱。缺乏和等待会导致渴望和恳求,时间到了,这些将带来喜乐和欢欣。

如果万事万物对我们,就像对神一样彰明较著,我们就会全心全意地称颂祂,因为祂管教并保守我们,也因为祂不会为着我们的哭喊而放过我们。如果我们能像知道起初一样知道结局,我们就会为着那些紧闭的门、愁眉苦脸的神情和未蒙应允的祈求而赞美主。如果我们知道,虽然我们得不到我们想要得到的快乐,不得不忍受我们所畏忌的邪恶,却仍然持守,然而主伟大的旨意通过这些才得到回应,我们定当大声呼叫,宁愿让我们被撇弃于贫穷,受困于痛苦。如果因着我们所望的被拒绝,我们能够以此荣耀神,那么我们宁愿被拒绝。我们所有祷告中最伟大的,也是涵盖其他所有一切的祷告,就是:"然而,不要照我的意思,只要照你的意思"(太26:39)。

十九、圣灵的印记

"就受了所应许的圣灵为印记。这圣
灵是我们得基业的凭据,直等到神之
民被赎,使他的荣耀得着称赞。"

(弗 1:13~14)

就其真正和实在的意义上讲,在圣约中的应许之
事已然被信徒所有。"因为万有全是你们的"
(林前 3:21)。伟大的天父可以真对每一个住
在祂家里的儿子说:"我一切所有的都是你的"
(路 15:31)。古时的传道人说,这基业早已属于
我们了,*in promisso, in pretio, in principiis*(拉丁语:
按照承诺,按照价值,按照原则)。那就是说,按
着神的应许,按着主耶稣所付的代价,并且按着圣
灵浇灌的首要原则。在祂永不落空的应许中,父神
已经"在基督里曾赐给我们天上各样属灵的福气"
(弗 1:3)。祂不仅定意要使我们在将来得富足,

甚至现在就已将祂爱的宝藏赐给我们。主耶稣不仅使我们成为未来无限量的基业的继承人，而且祂还使我们立即享受现今的福分，正如圣经所说："我们也在他里面得基业"（弗1：11）。

圣灵在许多方面都是所应许的基业如今就为我们所有的途径。我们受了祂的"印记"（弗1：13）。我们确信这基业是我们的，我们自己也属于那位"承受万有"（来1：2）者。圣灵在我们重生时运行在我们身上，并藉着成圣住在我们里面，证实了我们在恩典中，并成为荣耀的后嗣。除了所有其他我们得救的见证之外，还有一个确凿无疑的证据，那就是永生神的灵安息在我们里面。

悔改、信心、属灵生命、圣洁的渴望、上升的灵，甚至"说不出来的叹息"（罗8：26），都证明圣灵在我们身上，并且以一种特定的方式为救恩的后嗣动工。圣灵浇灌在我们里面的生命，是神国度给我们的灵魂的伟大印记。应许的圣灵不会为我们预备永不属于我们的福分。那在我们里面动工，预备我们的，必将那为我们所预备的祝福赐给我们。圣灵印记最轻微的印痕也比那自命不凡者从其洋洋得意的概念中汲取的所有大胆的假设要强过百倍，因为它见证了我们是属神的百姓必不可少的一份子。

十九、圣灵的印记

圣灵不仅是我们得基业的印记，祂也是我们得基业的凭证和保证金。保证金（或定金，earnest）是基业的一部分，它担保剩余的款项会在预定到期时支付。如果在周间支付了某人的部分工资，这就是定金。这里，保证金不同于抵押（pledge），因为抵押在我们收到其所担保的事物时会归还；而保证金无需归还，因为它是所允诺的一部分。虽然如此，圣灵本身却是圣徒所承受的基业的很大一部分，有了祂，我们就拥有了完美、天堂和永恒荣耀的开端。祂是永生，祂的恩赐、恩典和作为是无尽喜乐的首要原则。有了圣灵，我们就有了天国，我们的天父乐意将其赐给祂的选民。

稍加思考便可明了。天堂主要由圣洁构成，而且很显然，就圣灵在此使我们成为圣洁而言，祂已植入了天堂的雏形。天堂是得胜，每一次我们战胜罪恶、撒但、世界和肉体，我们就预尝到那永不消逝的胜利，这胜利会引致在新耶路撒冷挥舞棕榈枝。天堂是无尽的安息，还有什么比圣灵在我们心中倾注的喜乐与平安更能让我们预尝到完全的安息呢？

与神相交是得荣耀之喜乐的主要成分；在地上，靠着神的灵，我们得以在主里喜乐，并因拯救我们的神而欢欣（诗37：4；哈3：18）。在主耶稣一切恩惠的意愿和目的上与祂相交，并在爱神和爱人方面更像祂，也是我们在宝座前完美状态的主要成分；圣洁的灵正在日复一日地在我们里面做塑造之工。清心得见神，在品格上得建造是为了在公义中得建造，在良善上刚强是为了战胜一切邪恶，洁净自我是为了在神里面得着整全的自我——所有这些，如果完全实现，岂不正是八福的核心祝福吗（太5：3～11）？而这些难道不是早已由那荣耀与能力的灵赐予我们了吗？那灵如今就与我们同在。的确如此。在圣灵里，我们拥有我们所追求的。在祂里面，天上的花朵已含苞待放，荣耀之日的曙光已向我们微笑。

于是，对于祝福的应许，我们不再是外人，如那些街谈巷议把我们说成的那样。有许多人像鹦鹉学舌，反复地说："神为爱他的人所预备的，是眼睛未曾看见，耳朵未曾听见，人心也未曾想到的"（林前2：9），但他们却没有加上下面那句话："只有神藉着圣灵向我们显明了"（v.10）。把圣经中鲜活的儿女切成两半是多么残忍啊！圣灵向我们显明了眼睛和耳朵未曾察觉的。祂已经拉开了帷幕，让我们看到了历世历代以来所隐藏的奥秘。神的生命在你的灵魂中，那里居住着永生，这是对爱神之人的应许。荣耀的生命是恩典生命的延续和发展。

十九、圣灵的印记

在靠着赎罪之血而达成的和好中，仰望那属天的平安，它是永恒安息的根基。在神的爱中，预尝向信靠的灵魂倾倒下来的喜悦的芬芳。在坚定不移的保障和完全确据的神圣宁静中，察看对乐园无穷安息的预期。我们内心的喜乐高涨，情不自禁地歌唱时，我们便听到了天上哈利路亚的前奏。如果我们想一窥迦南硕大成串的果实，看哪，情感和期待将它们带给我们，这情感和期待是在圣灵的引导下，像探子一样深入那片美地，为我们带来了上好的果实（参民13：16-26）！

我们不仅将来要拥有基业，而且我们现在就已拥有。因着圣灵的同在，我们已拥有那流奶与蜜之地（参民13：27）。"我们已经相信的人得以进入那安息"（来4：3）。"你们乃是来到锡安山，永生神的城邑，就是天上的耶路撒冷；那里有千万的天使"（来12：22）。

对于这样的人，他们既然已经在神的爱子里得着了神圣的基业，他们还需要做什么呢？不就是要行事为人要与他们所蒙的崇高、圣洁、属天的呼召相称吗！"所以，你们若真与基督一同复活，就当求在上面的事，那里有基督坐在神的右边"（西3：1）。

二十、主耶稣基督和应许

"神的应许不论有多少,在基督都是是的,所以藉着他也都是实在的,叫神因我们得荣耀。"(林后 1:20)

耶稣,我们的主,永远立定,与应许之路相连。诚然,祂就是"道路、真理、生命"(约 14:6)。若不靠着耶稣基督,没有人能够来到忠信的应许者面前。在结束这本小书之前,我们不能不用短短的一章来谈到祂。我们的希望是,你不会试图从我们在这里所写下的任何话,或甚至从神自己的话那里获得任何安慰,除非你是通过耶稣基督领受的。离开祂,圣经本身不包括任何能够使人的灵魂靠它而活的东西。

这,实在是许多人犯下的大错。他们查考圣经,因他们以为内中有永生,却不肯到基督这里来得生命(参约 5:39~40)。愿我们不要成为这愚昧群体中的一员，而要天天到耶稣这里来，因为我们知道父喜欢叫一切的丰盛在祂里面居住（参西1：19）。唯有认识祂，我们才能认识给予那应许后嗣的光、生命和自由；我们若远离祂，就必定会迷失在捆绑之中。哦，因着住在祂里面的恩典，以至我们能拥有在祂里面与我们所立的约中一切美好的事物！

耶稣是应许之门。通过祂，主得以与罪人立下恩慈的应许。没有任何安慰的信心能够传达给冒犯了神的罪人，直到"女人的后裔"被立为神与人之间的中保（提前2：5）。神没有给罪人任何话语，直到神的"道成了肉身，住在我们中间"（约1：14）。除非借着耶稣，这道，神慈爱的心意无法与我们交通。正如神若不借着立约的使者就无法临到我们，同样，我们若不借着耶稣，这中保，就无法亲近祂。我们的恐惧驱使我们远离那位圣者，直到我们在神的儿子身上，看到一位充满温柔怜悯的长兄。神圣三一的荣耀令我们敬畏，直到我们仰望道成肉身的神那至为温柔的光辉。我们藉着祂儿子的人性来到神面前，特别是藉着那为我们受苦、为我们而死的人性。

耶稣是所有应许的总和。神应许将祂的爱子赐给我们，在祂里面，神赐给我们救恩所需的一

二十、主耶稣基督和应许

切。一切良善的礼物和完美的恩赐都蕴含在我们的救赎主——祂的位格,职分和工作之中。所有的应许都在祂里面。如果你想把它们加起来,或造一个长长的清单,列出它们保证给我们的所有祝福,你大可不必费心,并会欣喜地知道,这就是一切的全部:主已将祂的儿子耶稣赐给了我们。正如所有的星辰都在天上,所有的浪涛都属大海,所有圣约的祝福也都在基督里。在我们的主之外,没有真正的福分。祂是一切的一切。所有的珍珠都由这串项链串着。所有的宝石都在这个珠宝盒里盛放。

耶稣是应许的保证。神既不爱惜自己的儿子,就不会拒绝祂的子民。祂若曾经想过要缩回手,那么祂必定会在祂献出祂的独生子,做出这无可衡量的牺牲之前就这么做了。我们绝不会怀疑主会撤回任何一项应许,因为祂已经成就了其中最伟大、最昂贵的一项。"神既不爱惜自己的儿子,为我们众人舍了,岂不也把万物和他一同白白地赐给我们吗?"(罗8:32)。

耶稣是应许的坚立者。"神的应许不论有多少,在基督都是是的(阿们的)"(林后1:20)。祂进入我们的本性,祂作为我们的元首,以及祂履行了圣约的一切规定,使神圣契约的所有条款都变得坚定而持久。于是，神信守祂对人类的应许就不仅是仁慈，也是公义。罪侵犯了神的荣耀，而如今，耶稣已经替我们完全补偿（full restitution）了神的荣耀，神的公义就与祂的爱相结合，确保每一个应许的字句都得以实现。

正如彩虹是世界不再被洪水毁灭的确据（参创9：12～17），耶稣也是人类罪恶的洪流永远不会淹没主的忠信慈爱的确据。祂使律法更得到尊崇，使之更加荣耀。祂必因自己灵魂的劳苦得到奖赏，因此一切美好的事物必将临到祂为之舍命的人。如果在我们的主已经做成了确保应许所需的一切要求之后，这些应许却变得毫无作用，那将是万物的混乱和错位。如果我们真的与主耶稣基督合一，这些应许对我们来说就如同父对祂的爱一样确定无疑。

耶稣是使应许得到记念的那一位。祂代我们向神祈求，而祂的祈求就是神的应许。祂"为罪犯代求"（赛53：12）。为了祂所应许的美事，我们必向主求问，以至祂能为我们成就，并且这一求问能在最令人鼓舞的情况下落实。看哪，主耶稣亲自成为我们的代祷者。为了锡安的缘故，祂并不静默（赛62：1），而是昼夜记念那永远的约，以及那用来封印和生效的宝血。在每一个应

二十、主耶稣基督和应许

许的背后，都站立着那位永活、代求和得胜的，我们信心的大祭司。我们或许会忘记那信实的应许，但祂不会。祂将在幔内履行无所不能的代祷，并为我们献上祂的功德和神的应许之香。

耶稣是应许的应验者。祂的第一次降临，为我们带来了主为祂的子民所预定的福分的主要部分，而祂的第二次降临将带给我们其余的福分。我们的属灵财富，与祂那永远令人喜悦的位格息息相关。因为祂活着，我们也活着。因为祂掌权，我们也掌权。因为祂被接纳，我们也被接纳。不久，祂显现时，我们也会显现。在祂的得胜中，我们也将得胜。在祂的荣耀中，我们也将得荣耀。祂自己就是神所应许的阿拉法，俄梅戛。作为罪人，我们在祂里面得着生命；作为圣徒，我们在祂里面得着荣耀。祂若没有复活，我们所信的便是枉然。祂若不再来，我们的盼望就归于虚妄；但祂既从死里复活，我们就被称义了。祂要在父的荣耀里降临，我们也必得着荣耀。

你如何看待基督？

一切都取决于你对这个问题的答案。你惟独在祂里面得安息吗？如果是这样，那么主已经应许要祝福你，要恩待你，祂将以奇妙的方式成就这一切，令你惊喜。凡以祂儿子耶稣为乐的人，天父都会赐下无尽的福分。

另一方面，你是否只信靠自己的行为、感受、祷告和传统？那么，你就是遵行律法的人，你正处于律法的咒诅之下。记住圣经关于使女夏甲后裔所说的话，你能决定你将得的份。哦，但愿你离开奴役之所，逃向白白恩典的家，成为神所祝福的人——照着应许！

愿神为着主耶稣基督的缘故，赐予你这莫大的恩惠！阿们。

> 神未曾应许：天色常蓝，
> 人生的路途花香常漫；
> 神未曾应许：常晴无雨，
> 常乐无痛苦，常安无虞。
>
> 神未曾应许：我们不遇
> 苦难和试探、懊恼、忧虑；
> 神未曾应许：我们不负
> 许多的重担、许多事务。
>
> 神未曾应许：前途尽是
> 平坦的大路，任意驱驰；

二十、主耶稣基督和应许

没有深水拒,汪洋一片,
没有大山阻,高薄云天。

(副歌)神却曾应许:生活有力,
行路有光亮,作工得息,
试炼得恩勖,危难有赖,
无限的体谅,不死的爱。

- 安妮·庄逊·芬
(Annie Johnson Flint,1866~1932)

司布真小传

司布真（Charles Haddon Spurgeon）于主后一八三四年六月十九日，出生在英国爱赛斯州的凯维敦镇（Kelveden Essex）。他家里先后共有十七个孩子，其中九个都在婴儿时夭折。他到父亲和祖父都是英国不从国教者（Nonconformist）的牧师。由于经济上的困难，查尔斯在十八个月大时就被送去和他的祖父一起生活，他的祖父用神的道来教导他。他日后回忆到，还是一个小孩子时，他就在看《天路历程》和《福克斯殉道者名录》书中的图画。

查尔斯没有受过很多正规的教育，也从来没有上过大学。但他一生广泛阅读，特别是清教徒作者们的著作。

尽管有敬虔的父母和祖父母，年青的查尔斯还是很反叛，不愿降服于神。直到他十五岁那年，他才获得重生。那天他正走向他通常要去的教会，但是一场大风雪阻挡了他，他不得不转向一所卫斯理会守旧派（Primitive Methodist Church）的小礼堂，虽然只有大约十五个人参加，一位传道人在讲《以赛亚书》第四十五章22节，*地极的人都当仰望我，就必得救*，查尔斯·司布真的眼睛打开，主使他的灵魂归正。

他开始参加一个浸礼派的教会并且教主日学。很快他就讲了他的第一次道，然后在他十六岁时，他成为位于剑桥的一间小浸礼派教会的牧师。这间教会很快就成长为超过四百余人，而查尔斯·司布真，十九岁时就作了伦敦的新公园街聚会所（New Park Street Baptist Chapel）的牧师。这间教会也从几百人增长到数千人。他们给教会建了附加的建筑，但仍然需要足够的空间以容纳整个会众。大都会会幕教堂（Metropolitan Tabernacle）

于一八六一年在伦敦落成，可容纳五千多人。司布真牧师传讲十字架质朴的信息，从而吸引了许多想要听到借由圣灵的能力来传讲神的话的人们。

一八五六年一月九日，司布真与苏珊娜·汤姆森（Susannah Thompson）结婚。他们有一对孪生子，查尔斯和汤姆森。查尔斯和苏珊娜相爱至深，纵然是在他们面对人生的困境和烦恼，包括健康的问题时。他们在灵命上互相帮助，经常在一起阅读乔纳森·爱德华兹，理查德·巴克斯特及其他清教徒作者的书籍。

查尔斯·司布真是所有基督徒的朋友，但他坚守圣经，这却使某些听他讲道的人不快。司布真相信并传讲神的主权，天堂和地狱，悔改，复兴，圣洁，惟独通过耶稣基督的救恩，以及神话语的无谬及必需。他传讲反对基督徒中间的属世和伪善，反对罗马天主教主义，礼仪主义和现代主义。

他一生中最大的争议之一就是以所谓"退坡争议（Downgrade Controversy）"而闻名者。司布真相信，他那个时代的某些牧师们通过与世界或当代的新思想妥协而使信仰"退坡"。他说，某些牧师否认圣经的默示性，惟独靠信心得救，以及在其他领域中圣经的真理，诸如创造论。许多相信司布真所谴责的东西的牧师对此非常不高兴,以致司布真最终退出了浸礼派联盟(the Baptist Union)。

尽管有这些困难,司布真仍以"讲道王子"著称。他反对奴隶制,开创了一所牧师学院,建立了一所孤儿院,带头帮助供给贫穷人食物和衣服,为无力购买书籍的牧师们建立了一个赠书基金,等等。

查尔斯·司布真仍然是历史上出版了最多书籍的传道人。他的讲道每个星期都被印刷出来(甚至印在报纸上),然后每年的讲道在年底都会被重新整理作为书籍出版。最早的六卷,从一八五五到一八六零年,以《花园街讲台(The Park Street Pulpit》闻名,而后面的五十七卷,从一八六一至一九一七年(他的讲道在他去世后很久还在继续出版),命名为《大都会会幕讲台(The Metropolitan Tabernacle Pulpit)》。他还主持了一个月刊型的出版物叫做《剑与铲(The Sword and the Trowel)》。司布真写了许多书,包括《给我的学生们的演讲(Lectures to My Students)》,《全是恩典(All of Grace)》,《围绕着三柱门(Around the Wicket Gate)》,《给寻觅者的忠告(Advice for Seekers)》,《约翰·普劳门的讲话(John Ploughman's Talks)》,《赢得灵魂(The Soul Winner)》,《给基督教工人的建言(Words of

Counsel for Christian Workers)》,《信心银行的支票簿(Cheque Book of the Bank of Faith)》,《清晨和夜晚(Morning and Evening)》,他的自传,等等很多,包括一些注释,如他二十年来对《诗篇》的研读——《大卫的宝藏(The Treasury of David)》。

查尔斯·司布真常常每周讲道十次,在他一生估计向一千万人左右布道。他经常只根据一页纸的笔记讲道,通常只有一个大纲。他每周大约阅读六本书。他一生通读了《天路历程》一百多次。在他去世时,他的私人图书室藏书约一万二千余册。尽管如此,圣经对他总是最重要的一本书。

司布真能够做到这一切全是在神圣灵的大能中,因为按照他给自己的忠告——每早晨,在与别人见面之前,他与神相会,他从早到晚都在与神相交。

查尔斯·司布真患有痛风,风湿病,和间歇性的抑郁症,以及其他健康问题。他常去法国的芒通(Menton)疗养和休息。一八九一年六月七日,他在大都会会幕教堂讲了他一生最后一次道,并于一八九二年一月三十一日逝世,享年五十七岁。他被安葬于伦敦的瑙伍德公墓(Norwood Cemetery)。

查尔斯·H·司布真度过了一个献身于神的人生。他的讲道集和写作继续在世界各地影响着基督徒们。

其他类似书籍

十字架,莱尔

读者啊,请让我来跟你谈谈这个题目。相信我,这是一个有着最深远的重要性的题目,绝非什么简单的争议的问题;绝非什么人们认为尽可以言人人殊,同时却觉得对他们进不进天堂并无大碍的观点。"你怎么看基督的十字架?"每个人都必须对这个问题有正确的答案,否则他就永远失丧。对这个问题的答案将决定:天堂或地狱,幸福或悲苦,生命或死亡,末日的祝福或咒诅,也就是说,将决定一切。让我来告诉你:

1. 使徒保罗断不以什么夸口
2. 使徒保罗以什么夸口
3. 为什么所有的基督徒都应像使徒保罗那样思考和感受到十字架

免费下载

慈声呼唤

这是和你,读者,心贴心的对话。在这里检验并一个个地解决了每一个借口,理由,和对你来就近耶稣可能的障碍。如果你觉得你这个人很糟糕,或者你也许真的很糟糕而且你公开或隐秘地在罪中,你将发现,基督里的生命也是为你的。你可以拒绝得救因着信的信息,或者你可以选择在宣告了对基督的信仰之后却仍然过一个罪中的生活,但是你却不能为了你或为了他人来改变这个真理本身。因此,你和你的家庭应当来拥抱这个真理,占有它,并真正在今日也在永恒中得自由。来吧,接受这个神白白赐予的礼物,为了他而过一个得胜的生活。

免费下载

www.ingramcontent.com/pod-product-compliance
Lightning Source LLC
Chambersburg PA
CBHW070142080526
44586CB00015B/1806